Francisco Linares

Manual Didáctico de Cambio Organizacional

Francisco Linares

Manual Didáctico de Cambio Organizacional

Hacia la Gestión de Procesos, Calidad e Innovación de Negocios

Editorial Académica Española

Impressum / Aviso legal

Bibliografische Information der Deutschen Nationalbibliothek: Die Deutsche Nationalbibliothek verzeichnet diese Publikation in der Deutschen Nationalbibliografie; detaillierte bibliografische Daten sind im Internet über http://dnb.d-nb.de abrufbar.
Alle in diesem Buch genannten Marken und Produktnamen unterliegen warenzeichen-, marken- oder patentrechtlichem Schutz bzw. sind Warenzeichen oder eingetragene Warenzeichen der jeweiligen Inhaber. Die Wiedergabe von Marken, Produktnamen, Gebrauchsnamen, Handelsnamen, Warenbezeichnungen u.s.w. in diesem Werk berechtigt auch ohne besondere Kennzeichnung nicht zu der Annahme, dass solche Namen im Sinne der Warenzeichen- und Markenschutzgesetzgebung als frei zu betrachten wären und daher von jedermann benutzt werden dürften.

Información bibliográfica de la Deutsche Nationalbibliothek: La Deutsche Nationalbibliothek clasifica esta publicación en la Deutsche Nationalbibliografie; los datos bibliográficos detallados están disponibles en internet en http://dnb.d-nb.de.
Todos los nombres de marcas y nombres de productos mencionados en este libro están sujetos a la protección de marca comercial, marca registrada o patentes y son marcas comerciales o marcas comerciales registradas de sus respectivos propietarios. La reproducción en esta obra de nombres de marcas, nombres de productos, nombres comunes, nombres comerciales, descripciones de productos, etc., incluso sin una indicación particular, de ninguna manera debe interpretarse como que estos nombres pueden ser considerados sin limitaciones en materia de marcas y legislación de protección de marcas y, por lo tanto, ser utilizados por cualquier persona.

Coverbild / Imagen de portada: www.ingimage.com

Verlag / Editorial:
Editorial Académica Española
ist ein Imprint der / es una marca de
AV Akademikerverlag GmbH & Co. KG
Heinrich-Böcking-Str. 6-8, 66121 Saarbrücken, Deutschland / Alemania
Email / Correo Electrónico: info@eae-publishing.com

Herstellung: siehe letzte Seite /
Publicado en: consulte la última página
ISBN: 978-3-659-04226-3

Índice General

Lista de Figuras

Prólogo

El cambio es un aprendizaje y una necesidad humana, busca el conocimiento y nuevas experiencias que permiten a las organizaciones lograr resultados deseados y convenientes, como producto de la voluntad de cambiar para innovar y crecer. Los trabajadores deben ser los protagonistas de la gestión y sus resultados, y por ello deben conocer la naturaleza y el objetivo de una transformación estructurada que propicie un nuevo modelo de gerencia y de la administración.

El cambio hacia la horizontalidad promueve competencias humanas y organizacionales que generan indicadores de valor agregado y reproducen procesos, negocios y una calidad de gestión continua. El cambio es una estrategia para subsistir, mantenerse y revitalizarse en el éxito de una cultura del nuevo negocio, y con ello prepararse ante las eventualidades de un futuro incierto en todos sus ámbitos.

Por ello el contenido de este trabajo representa una guía informativa muy interesante para aquellas empresas que deseen buscar nuevas alternativas de gestión y administración de sus recursos con nuevos criterios en el manejo reproductivo de la reingeniería del proceso.

El cambio es necesario en todas las cosas de la vida, es parte nosotros cada día nada es igual, y como lo dijo un sabio: "nadie se baña en las mismas aguas del mismo rio dos veces en el mismo día" todo fluye y como tal todo cambia, y las empresas no son una excepción porque están conectadas muy fuertemente al sistema industrial y laboral del mundo.

Finalmente, deseo agregar que el doctor Francisco Linares nos regala una herramienta provechosa para los estudiantes, consultores, gerentes, administradores y accionistas que deseen utilizar los conocimientos prácticos, y pedagógicos que en este Manual Didáctico del Cambio Organizacional se presentan en una forma narrativa, descriptiva, grafica y sistémica para ponerlos en práctica y aplicarlos con una visión y misión del nuevo negocio, la nueva cultura, la nueva calidad, el nuevo proceso y por consiguiente el nuevo hombre organizacional.

Doctora Aura Alvarez Entrena
Subdirectora de Postgrado UNESR

Introducción

Generalidades:

La implementación de un modelo de gestión de cambio viene a ser para las organizaciones un proceso experimental necesario y un reto significativo. El cambio es un hecho social, que requiere de la participación de todo el conjunto para lograr el éxito. Es un proceso cíclico estudiado y planificado que permite la readaptación a las nuevas exigencias de un entorno más competitivo y comparativo. En las organizaciones los cambios deben ser parte de la estrategia y deben estar relacionados con las expectativas y necesidades de sus trabajadores así como estar ligados al contexto de la administración. La misión, visión, los procesos, las personas, los indicadores, las políticas, y la tecnología deberán ser considerados en este aspecto.

Los deseos, las necesidades, los requerimientos, los hábitos y los valores humanos deberán ser atendidos por el otro lado. Entonces el cambio debe apuntar a mejorar e imponer una política de gestión de calidad e innovación de procesos de negocios para lograr un desarrollo sostenible, organizacional y humano con una visión del cliente, del servicio, de la competencia, del producto y del mercado. Autores como Kotter, Kubler y Ross, Decker y Belohlav entre otros, nos presentan modelos de gestión de cambios donde el común denominador es una transición de etapas donde todo el inicio del proceso puede generar alguna confusión y expectativas, pasando por momentos del desprendimiento de lo rutinario a momentos de agitación, turbulencia, y hasta depresión, readaptación emocional y realineación, para llegar al estado de consolidación, alineación y anclaje de un nuevo clima organizacional diferente.

Todos estos aspectos deberían estar cubiertos y soportados por guías que orienten las acciones especificas en todas las etapas que deban desplegarse para lograr sin traumas la meta de un nuevo estado organizacional deseado. El diseño de la estrategia del cambio se fundamenta en el consenso democrático y requiere del conocimiento de todo el ensamblaje organizacional para conectarlo con el plan de mudanza, (organigrama, cultura, valores, actitudes y competencias, negocios,

1

políticas de calidad y los procesos que la soportan). Es por ello que la alta dirección deberá ser la responsable por generar una declaración teórica direccional apoyada con indicadores hipotéticos en donde se pronostiquen situaciones futuras o escenarios posibles pertinentes al plan de cambio. Dicha declaración deberá estar soportada con antecedentes históricos que respalden las hipótesis. (Ejemplo: El cambio de la estructura organizacional hacia la horizontalidad, generara nuevas competencias deseables tanto humanas como organizacionales, la cual propiciaran una nueva cultura, clima y desarrollo empresarial basado en la innovación de negocios.)

En función de ello en este trabajo se definen en la sección I elementos componentes del cambio organizacional, en donde se manejan variables de gestión gerencial importantes, conectados con la estrategia de la planeación así como la descripción de las metodologías del diseño organizacional, herramientas de análisis situacionales, manejo de indicadores cualitativos y métodos de pronósticos. En las subsiguientes secciones (Intermedias) se describen los pasos a seguir para la generación de conocimientos que apuntan a la confección del manual de cambio en todas sus manifestaciones administrativas y conductivas para finalizar con un inventario cognitivo de los diferentes diseños organizacionales que se pueden utilizar como modelo estructurado de gestión, según sean las apetencias estratégicas de la dirección.

Dentro de las recomendaciones que se consideró necesario hacer, se propone como gestión empresarial y gerencial deseada y beneficiosa, "La estructura horizontal basada en procesos", como un modelo de dirección pluriparticipativa y multiprocesal que promueve la autonomía, la autogestión y la propiedad en el negocio. El aprendizaje de equipo, el pensamiento sistémico y el mejoramiento continuo de la gestión de calidad, así como la administración por procesos, el conocimiento de los indicadores, creación de negocios para la diversificación, y la asistencia clientelar, son algunos de los aspectos resaltantes que se cubren en este manual, con una explicación didáctica, pedagógica y funcional.

En Venezuela, empresas estratégicas con historia social y cultural han iniciado procesos de cambio a partir del conocimiento de experiencias mundiales

2

(Benchmarking) o influenciados por teorías de la nueva administración y organización; aparte de las experiencias de los clientes y del mercado, la competencia y a veces de una burocracia insostenible que retarda la información y complica las comunicaciones, lo cual genera efectos contraproducentes a la organización y su gente. Las empresas deben tener a través de su alta dirección el poder y la fuerza de voluntad para cambiar en la búsqueda de nuevos escenarios internos y externos. Sin miedo ni duda y con la participación e identificación de todos y cada uno de sus trabajadores.

El cambio es un valor sistémico que agrega valor proporcional y de gestión cualiproductiva a la administración general de la empresa. Ya es hora de deslastrarse de los viejos modelos de la organización donde privan la orden y la obediencia y la jerarquía omnipotente como la cultura del poder. Las organizaciones modernas deben buscar la flexibilidad, la rapidez, la espontaneidad y la inclusión de sus talentos humanos en la direccionalidad de los negocios.

Es por ello que el presente manual de gestión de cambio, ofrece alternativas estratégicas a las empresas que deseen cambiar, con información comprensible para entender el proceso en sus diferentes ámbitos, y aplicarlos según sus necesidades y prioridades. Se agregan ejemplos referenciales que permiten ilustrar con mejor visión el escenario descrito, así como ilustraciones relativas e ideales para configurar procesos metodológicos que describen secuencias para crear momentos de cambios. El método aquí definido asume que existen tres (3) unidades estratégicas (gestión humana, organización y sistemas, e información tecnológica) la cual operan en un ambiente coordinado para dirigir el proceso de cambio a través de la preparación, la organización y la tecnología a fin diseñar el plan de transición deseable que fortalezca la nueva administración.

Finalmente es mi deseo aportar con esta obra, un conocimiento sistémico que ayude a los gerentes, administradores, empleados, consultores, asesores y estudiantes de la gerencia organizacional a desarrollar conocimientos y experiencias de aprendizajes direccionados en una onda de cambio para cambiar lo que no se ha cambiado. Estamos en el paradigma de los macrocambios, con la globalización de la

3

información estratégica, las nuevas necesidades tecnológicas, los cambios impredecibles del entorno, nuevos liderazgos, la percepción de nuevos conceptos en la gente para la toma de decisiones, el manejo de los problemas en las empresas, las comunicaciones estratégicas, y la aparición de la gerencia flexible, son entre algunos indicadores, los que nos plantean un nuevo escenario de estructuras rápidas para la consecución de las metas y por lo tanto una organización sostenible en tiempo y espacio.

Asimismo, y como producto de mis investigaciones, he podido determinar y sostengo, que uno de los tantos costos que en las organizaciones se manifiestan se encuentra en el propio organigrama que representa la estructura organizacional. Es decir, un organigrama mal confeccionado, sin lógica, con dualidades, unidades innecesarias, desalineados con la misión y visión, hiperburocráticos y enredados solo generan costos y gastos que a veces no se detallan en la contabilidad y por lo tanto pareciera como algo normal cuando en la realidad es un desgaste a largo plazo para la organización por donde se desaguan más de un 20% del capital.

Por lo tanto, un aspecto importante a considerar en todo proceso de cambio está en reducir este tipo de costos el cual, y aunque usted no lo crea, es promovido y aprobado por la alta dirección.

SECCIÓN I

CONCEPTUALIZACIÓN Y GENERALIDADES DE ENTRADA AL MANUAL DE CAMBIOS

Definición del Cambio Organizacional: Es un proceso cíclico de transformación estructural de la organización en donde se gestiona un nuevo modelo de administración y dirección en la búsqueda de cambiar sistemas, procesos, tecnología, actitudes y aptitudes para desarrollar un perfil organizacional ajustado a las demandas y condiciones competitivas del mercado y sus clientes.

El cambio organizacional es una transición que surge por una necesidad estratégica (por ejemplo: optimización de la calidad), problemas (por ejemplo: pérdida de tiempo), duda (limitaciones de la eficacia), intención (ampliación del negocio), sensación (ofrecer más participación para manejar negocios) requerimientos (internos y externos), imitación de experiencias e influencias teóricas que dan pie para diseñar un plan de reordenamiento y reconducción de la totalidad organizacional. Estos son una especie de generadores que impulsan y motivan la idea del cambio a fin de readaptarse a nuevas situaciones que exigen mejores respuestas. Los cambios implican la renovación de las estructuras de gestión, de las funciones y de la adaptación psicológica de la gente.

El cambio organizacional implica replanear la estructura, diseñar un nuevo modelo de gestión, manejar instrumentos de análisis de sistemas y procesos de la empresa, pronosticar eventos y realizar estudios de apoyo con indicadores de gestión cualitativos y cuantitativos. El cambio debe ser sistémico, en donde el desarrollo humano, la gestión de procesos, y el soporte de la información en redes, facilite en conjunto la operación a realizar. (ver figura 1)

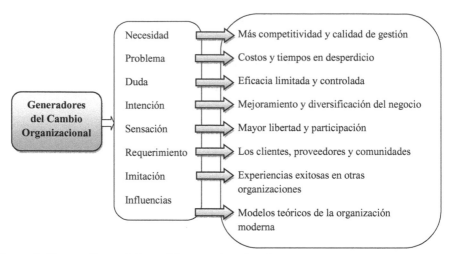

Figura 1. **Generadores del cambio organizacional.**

Planeación Organizacional: Es el componente instrumental estratégico que conduce a la reconvertibilidad organizacional en donde cada estructura, proceso y función se amoldan a los objetivos y metas propuestas en una red lógica de etapas hasta sistematizar una gestión direccional. Esto supone el manejo de herramientas de detección de problemas o necesidades como lo es la auditoria organizacional cualitativa y el análisis situacional enfocados al estudio y evaluación de los organigramas, procesos de comunicación, procedimientos de control, gestión de supervisión, planificación y desempeño a fin de evaluar la situación presentada en todos los ámbitos de la gestión. La planeación es una herramienta conductora de un proceso de cambio ya que permite diseñar los caminos estratégicos, tácticos y operativos para el nuevo modelaje organizacional. Definir qué es lo que queremos, por qué y cómo lo vamos a conseguir, es parte de su naturaleza lo cual implica un estudio del todo organizacional en función de un enfoque sistémico. Por lo tanto deberá haber una conexión entre los indicadores de gestión (misión. clima, cultura) y las áreas de gestión (organización, administración, personal) (ver figura 2)

Figura 2. **Planeación del Cambio.**

La planeación organizacional deberá tomar en cuenta en apoyo de un proceso de cambio, el conocimiento del entorno, las competencias, los tipos de negocios, las comunidades, el gobierno, las políticas en materia de crecimiento industrial, la ayuda tecnológica y por supuesto los valores de la empresa, la gente, el desempeño interno, las barreras y las finanzas.

En este caso se deberán realizar dos tipos de planes: uno de tipo preliminar en donde se determinará la factibilidad y la forma de comenzar el proceso, indicando el o los objetivos, los responsables, la inducción a la gente, los recursos, la toma de información y sus técnicas, el análisis, impacto y posible propuesta. El otro método o forma, es la ejecución del plan propiamente dicho de acuerdo a los resultados del primer diagnostico, es decir, realizando los cambios en los escenarios de trabajo, con la cooperación de la gente.

En ambos casos se recomienda elaborar un pronóstico a futuro y un estudio de los resultados para compararlos con la gestión anterior y establecer relaciones de costos y beneficios en los aspectos que se deseen cubrir.

En mi tesis doctoral denominada "Revitalización en las organizaciones humanas de gestión horizontal: Cambios y experiencias de vida" (aprobada en noviembre de 2011) planteo un diseño de un plan de reestructuración para las empresas que deseen lograr una transición hacia otro modelo de gestión de tipo horizontal a partir de un proceso de reconducción organizacional, rediseño, de la estructura, recambio y redirección la cual forman parte de una primera etapa identificada como "la Readministración Direccional" en donde los equipos de trabajo designados se responsabilizan de la nueva administración direccional de la empresa. En la segunda etapa se van tejiendo los procesos de reculturización, redefinición, recomportamiento y redesarrollo organizacional la cual forman parte de un "Reaprendizaje Actitudinal" donde se busca la valorización de los aprendizajes y la formación humana en la cultura de la gestión horizontal. "La Revitalizacion Expansiva" conforma la tercera etapa del macro proceso de transición en la búsqueda del esfuerzo y el desempeño a través de la recompetencia y el redominio organizacional para la expansión de la empresa y sus negocios multidiversificados. Esto es parte de la planeación organizacional en donde se fusionan en forma coordinada procesos, sistemas, personas, objetivos, estrategias, valores, motivos, y aprendizajes con la administración, y la tecnología para la reestructuración de la organización.

Empresas como Alfonzo Rivas y Compañía han trascendido esta reformologia desarrollando las etapas de Readministracion, Reaprendizaje y Revitalizacion siendo hoy por hoy una empresa fortalecida, prospera con una cultura del trabajo horizontal, mercados nacionales e internacionales en expansión, clientes satisfechos y en pleno crecimiento, y directivos y trabajadores con formación de equipos multidisciplinarios. En todo caso parte de la información que se obtenga para la formulación del plan y modelo de cambio, debería estar precedido por una auditoria organizacional básicamente en el ambiente administrativo- operativo a fin de tener un primer diagnostico que oriente las acciones a seguir. (ver figura 3)

Figura 3. Auditoria Organizacional

Metodologías del diseño organizacional: Son diferentes enfoques que se utilizan para diseñar empresas las cuales siguen un patrón que se origina desde una perspectiva diagnóstica y evaluativa, transitando por la descripción de etapas de configuración estratégica y económica hasta llegar al final de una estructuración sistémica en donde la planeación forma parte de su morfología. En la figura N° 4, se observa una metodología con enfoque economicista en donde se concepciona y se emplaza la empresa en función de su apertura comercial, promoción y servicios, su organización funcional en sus diferentes áreas departamentales, la determinación de los costos y gastos en sus diferentes aplicaciones, el diseño de las políticas económicas de tipo administrativas y financieras que respalden la gestión. Implica la planificación y los controles para relacionarlos con el estudio del rendimiento económico, el plan financiero y la tendencia de su estado patrimonial, con el estudio de la rentabilidad, para ello se deberán utilizar indicadores de gestión a fin de medir las tendencias del negocio. Esta metodología se puede aplicar para el análisis y evaluación de la factibilidad operativa, administrativa, financiera, comercial, direccional y técnica de un proyecto de empresa que se requiera realizar, visto desde una perspectiva competitiva en mercados diversificados.

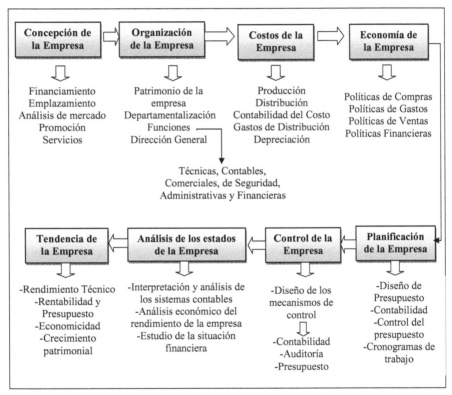

Figura 4. **Metodología para un Diseño Organizacional (Enfoque Economicista)**

Así mismo se observa en la figura 5, una metodología de tipo estratégica para el rediseño organizacional en donde se describen los pasos requeridos para un proyecto de cambio de la gestión y nueva configuración a través del diagnóstico organizacional que conlleva el análisis de los problemas detectados (estructura

10

sobrecargada, decisiones paralelas, incompatibilidad entre misión y objetivos) para determinar la nueva estructura de la empresa y su relación estratégica con la misión, visión, objetivos, áreas críticas que pueden ser afectadas por el entorno. Las actividades de comunicación, descripción de funciones y procesos básicos de la gerencia inicial, la definición de planes de desarrollo humano, medidos a través de herramientas de análisis estratégico a fin de definir la gestión deseable y los valores de una gestión horizontalizada complementan el proceso.

En todo caso la metodología aquí planteada permite redefinir una nueva propuesta organizacional más flexible que optimice la gestión anterior eliminando sus elementos contaminantes y perturbadores.

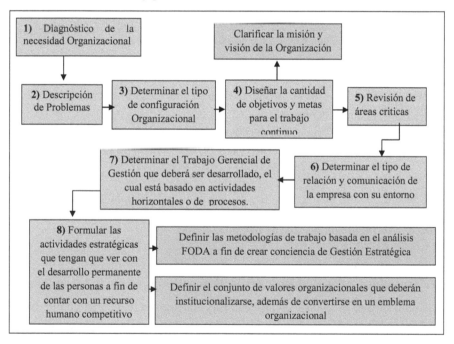

Figura 5. **Metodología del Diseño Organizacional (Enfoque Estratégico)**

Ahora bien, las metodologías para diseñar modelos de gestión suelen ser diversificadas y diferenciadas según sea el enfoque del análisis con que se mire, es decir, que se pueden establecer etapas de diseño atendiendo a qué se va hacer,

11

(tamaño y organigrama) el porqué, (estrategias de los negocios) el cómo, (configuración administrativa) quiénes y cuántos, (personal y departamentos) y el sentido direccional (qué somos y a dónde vamos). En conclusión, para construir un diseño o rediseño organizacional, el estratega o equipo debe estar en conocimiento del negocio de la empresa y su tipo de mercado para crear los componentes administrativos y organizativos que permitan ensamblar la estructura deseada. (ver esquema N° 6)

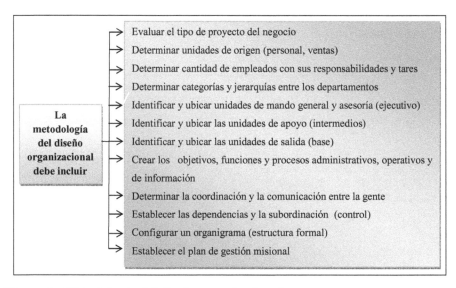

Figura 6. **Metodología del diseño organizacional**

Instrumentos para el análisis organizacional: Existen diferentes instrumentos que se utilizan para el análisis de las empresas, la cual sin duda aportan información estratégica para apoyar un proceso de cambio organizacional, y están dirigidos a localizar información importante según sea el enfoque y la situación que se quiera estudiar pero siempre conectando variables referentes al sistema, procesos, valores, estructura, la gente y la tecnología. Muchos de ellos son usados y en forma certera para apoyar el diagnostico del problema y el análisis situacional del escenario organizacional. Algunos nos muestran resultados de decisiones, revisión y verificación del cumplimiento de la normativa, descripción de flujos logísticos, relación de planes con estructuras, estudios de las percepciones humanas, indicadores de rendimiento, pronósticos hipotéticos de eventos, relación de procesos con objetivos, estrategias y metas, comparaciones de modelos y gerencia estratégica. El conocimiento y manejo de algunas de estas herramientas es indispensable para la búsqueda de las soluciones eficientes. Entre ellas tenemos las siguientes:

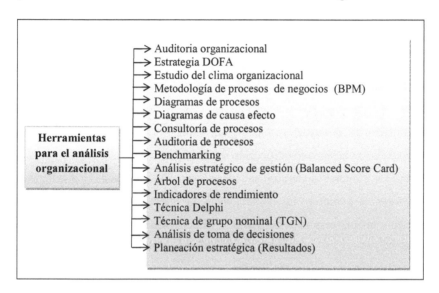

Figura 7. **Herramientas para el análisis organizacional**

Cada tipo de herramienta tiene su propia naturaleza y dirección, y lo interesante es que los resultados se usen en función de lograr el diagnostico deseado para comprender la problemática actual de la gestión organizacional y con ello generar una propuesta. Todo cambio requiere el manejo estratégico de una de estas herramientas en la alineación continua de la información con los objetivos, recursos, tiempo y espacio. Por ejemplo la herramienta DOFA se utiliza para diseñar estrategias relacionadas con el entorno (amenazas y oportunidades) y los componentes organizacionales (fortalezas y debilidades). Se combinan en forma cualitativa y cuantitativa generando pronósticos e hipótesis para fortalecer la gestión

13

y neutralizar las amenazas. Para ello la utilización de los indicadores cualitativos y cuantitativos son esenciales.

Pronósticos Estratégicos para el Cambio Organizacional: Las organizaciones de alto desempeño pueden pronosticar el futuro, tomando en cuenta factores internos y externos. Estos factores deberán alinearse con una visión prospectiva definiendo situaciones hipotéticas que pueden presentarse en un contexto determinado. Para ello la organización deberá estar preparada en función de planificar las estrategias de gestión que permita la inmediata modelación de las soluciones manejando con asertividad la combinación de los factores internos y externos.

Dentro de los factores internos se deben identificar: Las personas y sus competencias, los procesos, las estrategias, las herramientas de análisis para el estudio situacional, la estructura y su organización y la tecnología de la información, todo ello enfocado hacia la identificación de problemas.

Entre los factores externos se identifican: El mercado, los clientes, los consumidores, el gobierno, las comunidades, la competencia, los precios, el valor adquisitivo y las barreras que amenazan u ofrecen oportunidades en un contexto de negocios.

El análisis de los antecedentes cronológicos o históricos permitirá construir eventos predeterminados y relacionados con las variables inciertas del entorno. Así las organizaciones establecen pronósticos y seleccionará el más conveniente para tenerlo listo cuando llegue el momento. (Ejemplo: Un problema genera el objetivo, seguidamente el proceso con la competencia y la actividad estratégica, para llegar a la meta-solución).

Referencia Relativa como ejemplo:

Propósito Estratégico: "Diseño del plan de cambio de gestión organizacional" (Modelo horizontal)

1. Definición del nuevo negocio o gestión a través de una declaración escrita basada en una visión prospectiva, potencial e hipotética. (Proposición, discusión y negociación entre la alta dirección y las unidades de apoyo)

2. Antecedentes históricos: Evaluación de experiencias anteriores en otras empresas (Benchmarking) comparaciones y conclusiones para realinear políticas, objetivos y metas. Estudio de fortalezas, y debilidades tradicionales, amenazas y oportunidades en el entorno histórico y actual (comparaciones).

3. Evento predeterminado: Nuevo diseño organizacional de tipo horizontal basados en procesos (nuevo organigrama)

4. Variables inciertas: Percepción de la gente, (Trabajadores y accionistas) reacciones, adaptación, aceptación, visión y reacción nueva de los clientes y proveedores, desarrollo de la calidad de gestión, fuerza de competencia, dinámica de los negocios, movimiento del mercado, comercialización, economía de procesos, gestión con las comunidades y barreras económicas y del gobierno. Estas variables inciertas deberán ser analizadas utilizando herramientas estratégicas para determinar su influencia y nivel de relación y con ello factibilizar el éxito.

5. Destinatario: Clientes internos y externos (Organización, trabajadores, accionistas, proveedores, comunidades, compradores y comercios).

6. Objetivo General: Reorganizar la estructura organizativa actual y proponer una estructura horizontal que garantice flexibilidad y más competitividad tanto a los clientes internos como a los externos.

7. Objetivos Operacionales: Según el destinatario se deberá definir un objetivo. (Ejemplo: Organización-cultura organizacional, trabajadores-incentivos y desarrollo, proveedores-logística, clientes-comercialización)

8. Indicadores de gestión socioeconómica y organizacional: (calidad del servicio al cliente, capacidad departamental, eficiencia de equipos, eficacia de los procesos)

9. Estudio de procesos, sistemas, tecnología, calidad, trabajo de la gente, tipos y rendimiento de negocios, sistema de la gestión gerencial, funciones, personas, actitudes, clima organizacional, mercado, competencia, reglamentos gubernamentales.

10. Sub Indicadores: Componentes de los indicadores macro, que son indispensables en la evaluación de los impactos y pronósticos (ejemplo: Productividad (horas- hombre vs resultados obtenidos por mes)

11. Meta: Nueva estructura horizontal basada en procesos operativa para 2013.

12. Escenarios: Nueva imagen, misión, visión, diversificación de negocios, calidad de mejoramiento continuo, gestión de procesos, cultura y comportamiento organizacional basados en la formación de equipos con autogestión flexible.

13. Estrategias: Sensibilización e identificación a través de charlas, diálogos, consultas, visitas de información, videos, inducciones, encuestas sobre clima organizacional, conversatorios y capacitación estratégica para el incremento de la motivación y la participación de todos los trabajadores en el proceso de cambio, comenzando por la información e involucramiento de la Dirección General.

14. Estudio de impactos: Descripción de posibles reacciones naturales de adaptación, críticas y efectos de la realineación estratégica con los clientes, trabajadores, accionistas, consumidores, comunidades, mercado, proveedores y gobierno, (estudio sobre impactos culturales financieros, sociales, psicológicos y jurídicos, internos y externos).

15. Pronósticos: Incremento de los negocios y la calidad de gestión a través de procesos estratégicos y de apoyo, lo cual redundará en la maximización de beneficios, incremento de la producción y apertura de nuevas unidades descentralizadas, incremento de competencias humanas y organizacionales diversificadas.

Los indicadores del cambio organizacional: Significan las señales que identifican la composición de una gestión y con ello determinan si el análisis del pronóstico e impacto están bien encaminados. Para ello se evaluará si cada indicador cumple con su función y objetivo de modo de obtener un sub indicador medible tanto cualitativa (Escalas de adjetivos) como cuantitativamente (instrumentos estadísticos) y en consecuencia evaluar con propiedad el antes y el después del proceso de cambio. Se recomienda que sea el propio usuario- propietario del proceso el que construya sus indicadores para su posterior validación.

Para elaborar los indicadores debe tenerse en cuenta los siguientes aspectos:

1. Identificar áreas medulares de gestión socioeconómica y administrativa.

2. Tener claro los componentes de los procesos para lograr metas.

3. Identificar, clasificar y seleccionar indicadores según prioridades.

4. Tener claro el grado de cumplimiento de los objetivos asignados y las estrategias de acción.

5. Tener claro la evolución de los factores críticos de éxitos.

6. Identificar los procesos conflictivos o con problemas reales o potenciales.

7. Manejar instrumentos estadísticos de medición. (Gráficos y formulas)

8. Determinar la fiabilidad de los datos.

Referencia Relativa como Ejemplo:

Proceso: Captación y selección de personal

Indicador: Tiempo de contratación

Sub Indicadores: Contenido de la Publicidad, tipos de fuentes, competencia del personal, calidad y cantidad de documentación, redacción de normas y procedimientos, eficiencia del método, uso de la tecnología, etc.

En todo caso, para clasificar los indicadores de un cambio organizacional deberá identificarse dentro del contexto de los componentes que conforman cada factor organizacional llámese estructura, proceso, personas, tecnología y calidad, siendo éstos los mismos indicadores de un cambio organizacional, el cual deberían desmenuzarse hasta llegar a las partículas de gestión y con ello comprender como funciona todo el sistema.

Referencia:

Cambio organizacional: Indicador: Capacidad de reorganización de la estructura organizacional:

Sub indicadores: Número de cambio en la departamentalización, eficacia de funciones, líneas de autoridad, cantidad de procesos, número de personas, inventario de cargos, tipos de información, políticas de calidad, capacidad tecnológica, etc. Por supuesto si mantenemos el enfoque sistémico cuando tomemos el sub indicador (tecnología) se convertirá en sistema y por lo tanto tendrá sus componentes que la integran y así sucesivamente.

17

La Dirección General de la empresa escogerá el inventario de los indicadores que le sean pertinentes para medir el desempeño antes y después del proceso de cambio organizacional según el siguiente esquema:

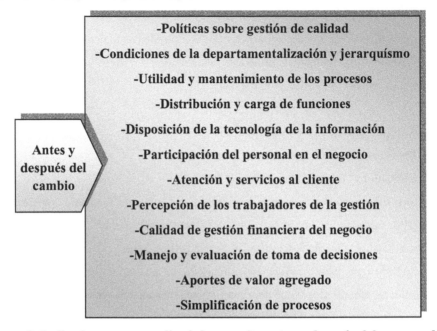

Figura 8. **Indicadores para medir el desempeño antes y después del proceso de cambio organizacional**

SECCIÓN II

EL MANUAL DE CAMBIO ORGANIZACIONAL

A continuación se presenta el contenido del manual de cambio organizacional con la descripción de las acciones que conforman todo el proceso logístico y el desarrollo de los diferentes aspectos del plan de gestión de cambio

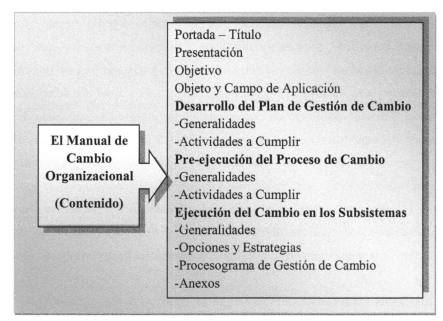

Figura 9. **Contenido del Manual de Cambio Organizacional**

Objetivo e intenciones documentadas del manual:

Generar información didáctica e institucional sobre las etapas que componen un proceso de cambio organizacional en la búsqueda de nuevos esquemas de gestión direccional basadas en procesos a fin de fortalecer ciertas áreas de la organización o en su totalidad, y aprovechar nuevas oportunidades que permitan ampliar los negocios, mejorar la calidad y diversificar el mercado clientelar.

La utilidad de este documento estriba en la medida en que sea la alta dirección de la compañía, la promotora de una gestión de cambio para implantar un modelo de gerencia de procesos en donde los trabajadores tengan incidencia y autoridad en la gestión de los negocios y sean copartícipes del alto rendimiento. El contenido presenta alternativas que se pueden estudiar y seleccionar según sea la conveniencia a las necesidades organizacionales. Desde luego todo está enfocado en un ambiente de estrategias y metodologías de desarrollo que apunta hacia el fortalecimiento operativo y administrativo de la organización.

Objeto y Campo de aplicación:

La aplicación e implementación del proceso logístico descrito en este manual dependerán del criterio, consulta y políticas de la dirección general, así como de la conformidad de sus accionistas y clientes internos. Por lo tanto el proceso de cambio puede abarcar la totalidad de la organización o una o varias áreas que componen su estructura sistémica. El objeto de este manual es documentar la cronología de las etapas, responsabilidades y acciones a seguir para el inicio y culminación con éxito de un proceso de cambio. Este documento se circunscribe en la Constitución Nacional que garantiza el derecho a formar y expandir la industrialización, la ley para promover y proteger la libre competencia (procompetencia) y la normativa sobre la propiedad intelectual, como uso discrecional de las empresas para ejercer el derecho a promover cambios en la gestión administrativa y direccional de las organizaciones.

El Manual Didáctico de Cambio Organizacional
Presentación:

Viene a ser una herramienta estratégica estructurada de información instructiva y de aprendizaje para ofrecer apoyo a las decisiones que los ejecutivos de las compañías puedan tomar, para iniciar y desarrollar procesos de cambios que apunten al mejoramiento continuo.

Las organizaciones deben ajustarse con la convicción de que cambiar las cosas, más que un costo es una inversión estratégica fundamentada. Es por ello que el manual de cambio presenta las alternativas ideales descritas en etapas sucesivas que en todos los ámbitos se pueden implementar. Cambios de estructuras, procesos, métodos, negocios, calidad y personas son algunos aspectos que se cubren en este documento.

Por lo tanto, será decisión de la dirección general aplicar todas las opciones de cambio o en todo caso las que considere de mayor prioridad.

La redacción del contenido presenta, explicaciones teóricos-practicas de tipo descriptivo para implementar las acciones que principien el cambio, su desarrollo y finalización en un nuevo estado organizacional más fortalecido y con recomendaciones hacia el modelo de la gestión horizontal de procesos.

Todo este proceso de cambio es un aprendizaje continuo en donde se debe anteponer el conocimiento científico, lógico, experimental y humanístico por encima de los principios de la rentabilidad financiera. Toda excelencia organizacional viene precedida por la añadidura del esfuerzo común que al final arrojara los resultados deseables. Por lo tanto, habrá que arriesgarse a cambiar y salir un poco de la rutina y de la tradición histórica y generacional de esos cuentos viejos de los abuelitos de las empresas de que "todo está bien si se mantiene como tal". ¡Por favor! ya es hora de modificar los valores en un mundo de transformaciones permanentes y por ello este manual se presenta como una opción estratégica y pedagógica para tal fin.

Finalmente, se hace necesario recomendar tanto a la plana directiva como a todos los usuarios del manual, el manejo de conocimientos referidos a técnicas y modelos organizacionales de análisis de problemas, pronósticos de escenarios, estudios de clima organizacional, auditoria de procesos, metodología de innovación de negocios, reingeniería del cambio, técnica Delphi, entre otras técnicas a fin de apoyarse con herramientas fidedignas para lograr un cambio que conlleve al éxito y no al fracaso.

SECCIÓN III

DESARROLLO DEL PLAN DE GESTIÓN DE CAMBIO

Inicio. Generalidades

La dirección general de la empresa, como órgano estratégico de planificación y decisión, deberá organizar la administración del evento de transición y cambio en la organización hacia un nuevo modelo de gestión, para ello deberá establecer las siguientes opciones y acciones:

.- Contratar los servicios de una consultoría externa (opcional)

.-Trabajar con el servicio de asistencia interna. Con lo cual deberá crear el Comité Estratégico de Cambio (CEC) integrado por:

*Gestión Humana: (Responsable de la formación y capacitación de la gente)

*Organización y Sistemas: (Responsable por el diseño y administración de los procesos)

*Tecnología de la información: (Responsable por el diseño y manejo de las redes digitalizadas de la data para la toma de decisiones)

Así mismo la dirección general deberá:

.- Generar un documento de iniciación (teoría direccional) con una visión prospectiva e hipotética sobre el asunto a definir y discutirlo con las comisiones.

Pasos para crear la teoría direccional:

- Analizar y evaluar antecedentes

- Relacionar con la organización

- Crear hipótesis escenáricas

- Discutir escenarios con las unidades de apoyo

- Configurar un escenario deseable a través de la técnica DELPHI

- Redactar una declaración escrita

-Instruir sobre el diseño para el plan previo y posterior.

Otras Consideraciones Estratégicas:

.-Definir roles y responsabilidades del Comité Estratégico de Cambio (CEC) a fin de otorgarle la autoridad y autonomía funcional.

.-Solicitar el plan preliminar de factibilidad al (CEC) para su discusión y aprobación pública.

.-Generar una política informativa y sensibilizadora contundente para el convencimiento de accionistas y plantilla de trabajadores.

.- Apoyar el plan de acción y coordinación para la ejecución del proceso de cambio autorizando roles y responsabilidades.

.- Apoyar con los recursos necesarios la ejecución del plan de cambio, sean de carácter financiero, humano, tecnológico, ambientales y materiales.

.-Involucrarse en forma directa en la planificación y diseño del proceso de cambio apersonándose en los escenarios de trabajo y realizando preguntas pertinentes.

.-Generar las conclusiones y recomendaciones que aporten valor agregado para su discusión e información a los accionistas, clientes internos y externos.

Responsabilidades y roles del Comité Estratégico de Cambio (CEC)

Fase 1: Diagnostico-Reconducción:

Significa diagnosticar y auditar las necesidades de cambio y factibilidad sistémica, analizando debilidades, oportunidades, fortalezas, amenazas y el perfil organizacional de la empresa, para ello deberá:

❖Preparar los planes de cambio organizacional (informe preliminar de factibilidad y el plan definitivo de cambio) con apoyo a la dirección general.

❖Inducir e informar al personal sobre el proceso de cambio para su sensibilización en reuniones espontaneas y con diálogos de consulta y consenso con el fin de proporcionarles la seguridad psicológica del desprendimiento de lo habitual. Para ello se recomienda: que la comunicación sobre el cambio sea entendible y clara, reedición y reiteración de la información para su asimilación por costumbre, justificar el costo del cambio en todas sus manifestaciones, iniciar conversatorios para evaluar posibles impactos positivos más que negativos, generar actos rituales de logros alcanzados en las nuevas etapas con reconocimientos públicos, apoyar los avances con visión al futuro.

❖Asesorar a las unidades de gestión sobre el proceso de cambio identificando los problemas a causar y los correctivos a aplicar. (Se recomienda el uso de indicadores de gestión)

❖Capacitar psicológicamente a la gente para procurar la adaptación del cambio con éxito.

❖ Diseñar las nuevas políticas, objetivos y estrategias de acompañamiento para el cambio.

❖ Iniciar visitas a todas las dependencias para obtener la información preliminar de la situación actual entrevistando, encuestando, observando y revisando informes, reportes, opiniones, indicadores de gestión, medición de desempeño, quejas y reclamos.

❖Analizar e interpretar el diagnostico a través de mesas de equipos multidisciplinarios, donde la gente se involucre en la nueva visión organizacional como respuesta al futuro.

❖Declarar una problemática estructural y general de la compañía con apoyo grafico (indicadores de gestión) para respaldar la visión sistémica del problema con el conocimiento de los accionistas y trabajadores (Clientes).

❖Preparar el informe preliminar y su presentación ante la dirección general y los clientes para su validación y aprobación.

Para ello se sugiere utilizar según sea la necesidad de la toma de información las siguientes opciones: (tanto para la primera y segunda fase.)

.- Formato de entrevistas (niveles ejecutivos)

.-Cuestionario (niveles operativos)

.-Auditoria administrativa

.-Observación directa

.-Revisión de documentos

.-Análisis de casos

.- Técnica FODA

.-Técnica Delphi

.-Técnica de grupo nominal (TGN)

.-Análisis de toma de decisiones

.- Planeación estratégica (Resultados)

.-Estudio de clima organizacional (Resultados)

.-Presentación de indicadores. (Cuadro de mando integral)

Generalidades. Pre ejecución del cambio:

La Pre-ejecución del proceso de cambio es antecedente al plan de gestión definitivo para la transformación de la organización en la búsqueda de un modelo flexible, eficiente, eficaz y efectivo, que agilice los trámites administrativos, mejore la calidad del trabajo, estimule la participación democrática, configure verdaderos equipos de trabajo y promueva un nuevo clima y cultura organizacional, basados en el fortalecimiento de sus procesos de gestión de calidad continua. Este proceso está basado en las etapas diagnosticas, estudios y evaluaciones, información, visitas y preparación del evento.

Generalidades sobre las opciones de cambio:

La dirección general y el comité estratégico de cambio deberán incluir en los estudios de transición las siguientes áreas estratégicas según sea la necesidad y la pertinencia: (Se recomienda que la implementación del proceso de cambio tenga un alcance total para lograr una consolidación integral y sistémica, así como el uso de indicadores de tipo cualitativos para medir cualidades organizacionales y cuantitativos para medir desempeño económico)

- En la estructura organizacional
- En los procesos y resultados
- En las personas y sus actitudes
- En la tecnología y la información
- En la direccionalidad de la empresa
- Hacia el cliente interno y externo

- En los negocios y su proyección.

- En el producto y gestión de calidad

- En las políticas y estrategias

- En las áreas o departamentos

- En la cultura y los valores

- En las instalaciones físicas

- Hacia la gestión horizontal

Cada factor o área tiene su propia naturaleza, característica y desarrollo enfocados hacia los procesos, la calidad y los negocios con la administración de los recursos para la aplicación de las acciones.

El manejo de herramientas de gestión gerencial e indicadores de gestión se hace indispensable para establecer el diagnostico acertado del sistema actual y en base a ello operar la secuencia como debe ser. Por ejemplo, podemos indicar que para revisar la estructura organizacional y modificarla se debería realizar un análisis organigramático, en el cambio de los procesos se debería aplicar una auditoria de procesos o manejo de la metodología de negocios por procesos (BPM), en cuanto al cambio del producto y la gestión de calidad se debería realizar un análisis de mejoramiento continuo basado en normas internacionales de calidad. En fin, cada área tendrá su propio enfoque y uso de metodologías apropiadas para el análisis exacto que conduzca a la mejor opción.

SECCIÓN IV

FORMULACIÓN Y DISEÑO DEL PLAN PRELIMINAR DE FACTIBILIDAD DE CAMBIO

Orientaciones Didácticas

El comité estratégico de cambio (CEC) deberá presentar ante la dirección general el plan preliminar de factibilidad previo al plan definitivo de gestión de cambio, para su discusión y aprobación. El anteproyecto deberá ser un informe resumen con los aspectos básicos y sobresalientes (problemática) que determinan el proceso de transición, dicho informe preliminar deberá presentar el siguiente contenido:

- Titulo
- Presentación
- Diagnostico situación actual
- Identificación y descripción de problemas
- Factibilidad organizacional
- Justificación del cambio
- Objetivos estratégicos deseados
- Toma de información
- Cronograma de trabajo
- Recursos solicitados
- Equipo responsable
- Presupuesto estimado
- Áreas a intervenir
- Validación
- Limitaciones
- Observaciones

- Pronósticos

- Recomendaciones

El informe preliminar al plan de gestión de cambio definitivo deberá ser discutido, analizado y aprobado por el cuerpo directivo de la empresa y el comité estratégico de cambios (CEC) con la anuencia de los accionistas y trabajadores de la compañía.

Instructivo Metodológico de Contenido del anteproyecto de factibilidad de cambio

Titulo: Identificar el nombre del proyecto. Ejemplo: Informe preliminar de gestión de cambio para Alivenca o Plan preliminar de factibilidad de cambio para Alivenca.

Presentación: Breve resumen del objeto de trabajo (qué queremos lograr y por qué) lo cual incluye la problemática, el objetivo, la justificación y la recomendación de cambiar.

Diagnostico situacional actual: Resumen descriptivo exploratorio de las necesidades que surgen en el tiempo y espacio organizacional y que sugieren un cambio alternativo. Ejemplo: Detección de problemas en la toma de decisiones a nivel directivo y exclusión de la gente para analizar y resolver casos estratégicos relacionados con los procesos de calidad y atención a los clientes.

Identificación y descripción de problemas: Resumen de las causas, síntomas y efectos generados en alguna parte de la organización o en la totalidad de ella, indicando el o los tipos de problemas aparentemente visibles. (Se recomienda el uso de indicadores.) Ejemplo: Demora excesiva en la planificación y diseño del producto, por sobrecarga de trabajo y ausencia de coordinación, lo cual genera retardos continuos de salida del producto y pérdida de tiempo con proveedores y clientes lo cual a su vez motiva los reclamos y desincorporación del negocio.

Factibilidad: Indicar porque es realizable el proyecto de cambio en el aspecto económico, humano, cronológico, ambiental y de gestión técnica y administrativa.

Ejemplo: contamos con el talento humano, el conocimiento y la tecnología para hacer operativo el cambio en un periodo de seis (6) meses en 2012.

Justificación del cambio: Sostener el argumento lógico y real por el cual debe darse un giro al negocio de la empresa, aportando beneficios, ventajas y consecuencias predecibles. Ejemplo: La instalación de la gestión de procesos traerá nuevas competencias operativas que comprometerán un mejor servicio interno y externo.

Objetivos estratégicos deseados: Indicar cuáles van a ser las orientaciones que guíen estratégicamente la búsqueda del cambio y así eliminar problemas. Ejemplo: Desarrollar una gestión de cambio basada en procesos de mejoramiento de calidad continua para el fortalecimiento y competitividad financiera de la compañía, apoyados en la capacitación del capital humano.

Toma de información: Indicar los instrumentos que se utilizaran para la recopilación de datos y que permitirán tener una mayor claridad de la problemática. Ejemplo: Observación e inspección de procesos, entrevistas, encuestas, documentación, auditorias, FODA, diagramas de tiempo, de flechas, de procesos etc., para ello deberían hacerse preguntas referidas al sistema actual, tales como: qué cosas te molestan del trabajo, o de la organización, o de tus jefes, o de tu situación laboral, qué quieres cambiar o mejorar, entre otras cosas.

Cronograma de trabajo: Indicar cuál va a ser el periodo que contemplará la ejecución del plan desde su inicio hasta su culminación, complementándolo con las actividades a desarrollar. Ejemplo: Toma de información, siete (7) días hábiles, análisis y discusión 2dias.

Recursos solicitados: Indicar que tipos de recursos se requieren para financiar el plan de cambio. Ejemplo: Requerimiento de un espacio físico para la discusión y análisis del trabajo en un ambiente de 7m x 3m.

Equipo responsable: Indicar las personas, cargos que ostentan y quien llevará la coordinación y ejecución del plan. Ejemplo: Pedro Pérez, coordinador líder del equipo; Ramón Torres, responsable de la formulación del presupuesto y su ejecución.

Presupuesto estimado: Indicar los posibles gastos que incidirán en el proceso de cambio estimado en un cuadro representativo. Ejemplo: Acondicionamiento de instalaciones Bs. 10000,00, adquisición de equipo Bs. 250, contratación de 2 analistas Bs. 2000.

Áreas a intervenir: Identificar cuáles áreas de la organización serán objeto de intervención para lograr el cambio. Ejemplo: Área de operaciones (planta y producción) o toda la organización.

Validación: Se indicará la necesidad de informar y sensibilizar a la población de trabajadores de la compañía a fin de que aporten su criterio y capacidad de participación al plan de gestión de cambio.

Observaciones: Las que sean necesarias y que ayuden a aclarar situaciones, limitaciones. Indicar que tipo de restricciones se evidencian que perturben la buena marcha del plan de gestión de cambio. Ejemplo: Indiferencia de la dirección general o falta de apoyo de la línea central de mando.

Pronósticos: Evaluar los posibles impactos a manifestarse. Para ello se utilizaría la técnica Delphi para generar pronósticos y su análisis estratégico y sistémico, con la participación de expertos, especialistas y jefes de departamentos seleccionados por el comité estratégico de cambio para desarrollar la metodología del tratamiento Delphi. Ejemplo: El plan de gestión del cambio permitirá a la empresa diseñar una dirección horizontal que ampliará la cartera de clientes por concepto de la innovación en los negocios y diversificación de productos, lo cual incidirá en un aumento de ingresos.

Recomendaciones: Se podrán realizar recomendaciones que sean pertinentes sobre todo en referencia a la ejecución del plan definitivo del proceso de cambio. Ejemplo: Se recomienda crear cinco procesos medulares (producción, calidad, mercadeo, atención al cliente y finanzas) y en función de ellos girar los procesos de apoyo.

En conclusión, la etapa preliminar consiste en diagnosticar la problemática con el auxilio de las herramientas de toma de información a los fines de estructurar el primer informe para su conocimiento, discusión y aprobación.

SECCIÓN V

PROCESO DE CAMBIO

Fase 2. Redefinición-Rediseño

El Comité Estratégico de Cambio (CEC) integrado por sendos representantes de la Unidad de Gestión Humana, de Procesos y Sistemas y de Tecnología de la información, procederá a desarrollar el segundo avance del estudio organizacional (definitivo) producto de la información recabada, a fin de presentar ante la Dirección General el proyecto final de cambio, para gestionar los pasos y etapas que contemplaran dicho plan. Para ello se deberá realizar en líneas generales:

.- La preparación del equipo de trabajo asignando roles, responsabilidades y asignación de recursos para la ejecución y desarrollo del plan según la línea de gestión (humano, procesos, tecnología)

.- El estudio del organigrama actual de la compañía para su racionalización y rediseño.

.- La evaluación y mejora del inventario de procesos con valor agregado y mejora de métodos de trabajo por áreas o departamentos.

.- El estudio de las necesidades actuales y futuras de las competencias tanto organizacionales como de personal a fin de alinearlas con los procesos, estimulando poco a poco el trabajo creativo a través de solicitudes de proyectos de nuevas ideas para mejorar la gestión de la compañía en cualquier ámbito.

.- La factibilidad de diseñar nuevos sistemas de información de apoyo tecnológico de consulta y decisión, basados en procesos, objetivos y competencias (SIPOC) así como presentación en videos, de experiencias de cambios exitosos en otras organizaciones como una referencia comparativa.

-La creación de programas de innovación de negocios (PIN) y de mejoramiento continuo de la calidad (MCC).

-La identificación de indicadores de gestión de cambio para evaluar posibles impactos y resultados.

- La sustitución de funciones por procesos de tipos estratégicos, misionales, de apoyo, evaluación y control.

-La simplificación, sustitución, eliminación o rediseño de procesos que generen costos.

-La ejecución coordinada de los medios y recursos para el logro de las metas.

-Las conclusiones y recomendaciones que considere pertinentes.

Principios de Gestión y Dirección (Aspectos Didácticos):

Para el diseño final del proyecto de ejecución se recomienda una propuesta de una nueva estructura basada en procesos, desarrollo de negocios con capacidad de autogestión, aprendizaje de equipos, calidad de gestión continua, pensamiento sistémico y la horizontalidad estructurada. Para ello la CEC deberá solicitar en el segundo periodo (plan definitivo) otras recomendaciones que considere importante, así como establecer un intercambio de información y dialogo con las unidades usuarias y clientes internos para afinar detalles y retroalimentar definitivamente el plan de ejecución definitivo del cambio organizacional. Ejemplo: Solicitar al departamento de producción la matriz de "procesos de fabricación de bienes" con las observaciones, criticas y sugerencias que tenga bien hacer a fin de alinearlos con los objetivos, competencias y las tareas.

En todo caso, el plan o proyecto definitivo de ejecución del cambio deberá contemplar las siguientes opciones específicas según sea la necesidad y reiterando las opciones estratégicas, en cuanto a procesos, calidad y negocios, en los siguientes aspectos los cuales se desarrollan a lo largo del manual.

• Rediseñar la estructura organizativa en función de la eficacia coordinada.

• Rediseñar procesos de gestión, y sustituir funciones de rutina y tareas habituales.

• Modificar los métodos de trabajo que generen costos y tiempos extras.

• Modificar las actitudes y aptitudes de la gente en la búsqueda de la excelencia.

• Crear sistemas de información de procesos en redes comunicacionales tecnológicas para el conocimiento y toma de decisiones.

- Reconvertir la direccionalidad hacia la gestión horizontal flexible.
- Redefinir la relación con el cliente incorporándolo a la gestión de negocios.
- Redefinir la metodología de innovación de negocios y manejo de indicadores de gestión como cultura de la innovación.
- Rediseñar la gestión de planificación del producto y gestión de calidad como una política de la alta dirección.
- Rediseñar las políticas y estrategias, en función de la gestión de procesos, calidad e innovación de negocios.
- Modificar la estructura departamental en función de los aportes administrativos, operativos, humanos y financieros.
- Modificar los patrones culturales y de valores hacia la horizontalidad de gestión.
- Reorganizar el ambiente en las instalaciones físicas de puertas abiertas.
- Plantear la funcionabilidad de la gestión horizontal como una cultura del proceso.

Ejemplo: Proyecto de Reestructuración de procesos para el mejoramiento continuo de Alivenca o Proyecto de cambio estructural y sistemas de gestión para Alivenca.

Contenido: titulo-presentación- (objetivos y justificación)- especificación del problema-alcance- situación deseada-cronograma de trabajo-especificación de la propuesta- áreas a intervenir-responsables- fases de ejecución (procedimiento para el desmantelamiento, reorganización y reposición) -análisis post- implantación, (sistema actual y propuesto con diferenciación de costos y beneficios estimados)

Orientaciones Didácticas: Ahora bien, la estructura basada en procesos significa que la compañía trabajará con el modelo de gerencia de procesos alineados con los sistemas, objetivos y métodos de trabajo. Los procesos deberán inventariarse y clasificarse en un sistema de información tecnológico para el respaldo de la toma de decisiones. Los mismos se clasificarán en:

.- Estratégicos o Direccionales

.- Misionales o Medulares

.- Apoyo o intermediarios

.- Evaluación y Control

Los procesos estratégicos o direccionales están identificados como aquellos que se manejan en la Dirección General y Ejecutiva de la empresa tales como: El proceso del plan de inversiones, fusiones, comercialización, gestión de calidad, financiamiento y adquisiciones, entre otros. Los procesos misionales o medulares están identificados como aquellos que son referencia a la gestión competitiva de la empresa y son manejados por la gerencia intermedia de la empresa tales como: El proceso de producción, ventas y mercadeo, atención al cliente y análisis e investigación de mercado.

Los procesos de apoyo o intermediarios son aquellos que se manejan en la gerencia intermedia y que permiten generar los recursos para que los objetivos y metas se cumplan. Tenemos los procesos de administración, gestión humana, organización y sistemas, tecnología de la información y comunicación y seguridad ambiental.

Los procesos de evaluación y control están identificados como aquellos que se manejan para la verificación del cumplimiento de la gestión y del plan organizacional, tenemos los procesos de contraloría, auditoria, contabilidad y presupuesto. Cada proceso deberá integrarse a un sistema, tener identificación, objetivos, secuencia, justificación, documentación, competencia, costos, calidad y métodos.

Filosofía del proceso de cambio (Consideraciones Didácticas):

La autogestión de negocios: Significa que la compañía establecerá la gerencia de la innovación basados en nuevos negocios, (Programa de innovación de negocios. PIN) Para ello desarrollaran competencias individuales, grupales y organizacionales generando el concepto del valor agregado como una cultura de la participación, diseño y construcción de ideas que fomenten la diversidad de los negocios, manejo de indicadores de gestión, concediendo la autoridad y responsabilidad necesaria a la gente para la toma de decisiones, planificación y capacidad de generar innovación con libertad de acción. La gestión de capital humano deberá disponer de programas de capacitación y desarrollo dirigidos a crear potencialidades en la gestión de negocios.

El aprendizaje de equipo: Significa un nuevo esquema de trabajo basado en la alineación, coordinación y desarrollo de competencias de los miembros de un equipo con los objetivos y metas de la organización a través del intercambio de ideas, innovaciones, discusión productiva y búsqueda de soluciones a los problemas. La visión compartida, el dialogo y el intercambio de experiencias a través de opiniones y sugerencias forman parte de la dinámica del equipo. Se sugiere trabajar con el estilo de pensamiento sistémico para crear la capacidad del análisis de la totalidad y su conexión entre las partes.

Los equipos en aprendizaje abarcarán las áreas en donde trabajan, es decir, equipos de venta, de producción, de gestión humana, de procesos, de tecnología, etc.

Calidad de gestión continua: Significa el mejoramiento continuo de la gestión de calidad en la compañía como una política de optimización permanente en los procesos administrativos y de información, ambiente y seguridad, planificación y elaboración del producto, ventas y comercialización, servicios de almacenamiento y atención al cliente, entre otros. Para ello el comité estratégico de cambio asumirá la responsabilidad de analizar los problemas de calidad de gestión, diseñar el programa, implantarlo, revisarlo auditarlo y consolidarlo para su manutención y permanencia. El programa de calidad de gestión continua estará fundamentado en los siguientes aspectos:

1..- Conocimiento de los problemas relacionados con los procesos y métodos de trabajo (Causas raíces e indicadores de gestión)

2. Establecimiento de los objetivos deseados para mejorar los procesos de calidad (capacitación)

3. Rediseño, eliminación, sustitución, coordinación o simplificación de procesos y métodos de trabajo

4. Diseño de un sistema de información de datos de inventario de procesos de calidad.

5. Implementación y validación del programa de mejoramiento de los procesos de calidad (sensibilización)

6. Evaluación de los efectos en el valor agregado del servicio y producto (rendimiento).

Pensamiento sistémico: Es el valor cultural que se desea implementar como una visión compartida más amplia de la situación que se analiza. Es crear una nueva cultura de la competencia para comprender que las cosas están relacionadas unas con otras. Para ello los equipos de trabajo deberán enfocar los problemas, con sus causas, raíces, síntomas, vínculos, relaciones, efectos y conexión con el sistema total. Ejemplo: Determinar por qué se tomó una decisión financiera que afectó el patrimonio de la empresa. (Falta de objetivos claros, ausencia de un plan, incompetencia, ausencia de conocimientos en el área, métodos obsoletos para decidir, falta de tiempo o tiempo con retardo, mal diagnostico, ausencia de base de datos, problemas con los proveedores, individualismo y/o personalismo, proceso mal estructurado, etc.)

Para el logro del desarrollo cultural del pensamiento sistémico, los equipos de trabajo deberán tener claro la misión, visión, estructura, sistemas, procesos, documentación, funciones, liderazgo, comunicaciones y entorno de la empresa.

Horizontalidad estructurada: Significa la eliminación de algunos niveles de verticalidad de la dirección superior, asesorías y/o vicepresidencias intermediarias innecesarias. El exceso de niveles de decisión crea traumas en el flujo de la comunicación e información, restando flexibilidad y rapidez en el tiempo que se requiere para atender las demandas del entorno. La gestión horizontal hace énfasis en la coordinación de equipos por procesos, proporcionando una estructura más plana y una relación directa con clientes y proveedores y con la autoridad de la autogestión para el logro más rápido de los objetivos.

En este sentido, se recomienda reducir algunos niveles de decisión en la empresa que demoren o perturben las comunicaciones y ayuden a complicar aún más los problemas.

La reducción de niveles de decisión y de mando es totalmente idónea porque permite la comunicación instantánea y la coordinación espontánea en la discusión de los problemas, el análisis y las soluciones en forma inmediata. Se ha demostrado a través de investigaciones en la llamada Teoría de la Contingencia de Stoner, Lawrence y Lorche que aquellas empresas con estructuras verticales o piramidales son muy vulnerables a las turbulencias y amenazas del entorno porque no pueden responder con velocidad y flexibilidad en el tiempo requerido por la complejidad de sus comunicaciones y por lo tanto, pierden espacio y ganan más costos. Cualquier buen gerente astuto y asertivo se daría cuenta de esta gran verdad que no es más que una simple verdad.

SECCIÓN VI

EJECUCIÓN DEL CAMBIO EN LOS SUBSISTEMAS DE LA ESTRUCTURA ORGANIZACIONAL

Fase 3: Reposición – Restauración

Generalidades

Lo primero es lo primero. Por ello el primer cambio que se aconseja es el que corresponde a la estructura organizacional con sus componentes derivados, esto es el organigrama (departamentalización), políticas, sistemas, administración, procesos, personas y tecnología.

El organigrama: El comité estratégico de cambio conjuntamente con la dirección general procederán al estudio del organigrama actual con el fin de comenzar y ajustar los cambios que sean muy necesarios. Para ello se sugiere considerar una auditoria organizacional para:

-Estudiar y verificar en el organigrama los siguientes aspectos dirigidos a empresas divisionales o corporativas

-Identificar indicadores de gestión, resultados y determinar éxito o fracaso. (Ejemplo: objetivos logrados y no logrados, número de procesos realizados por cantidad de logros)

-Número de estratos de mando ejecutivo (recomendable uno (1) ó dos (2) estratos en el primer nivel)

-Número de asesores (recomendable 2 asesores primer nivel)

-Cargos intermediarios en el nivel ejecutivo no imprescindibles (vicepresidente)

-Cargos de asesor permanente no imprescindibles (director adjunto o director consejero)

-Cantidad de unidades y su relación con la misión y visión. (No hay valor agregado)

-Denominaciones de las unidades y su relación de jerarquía (dirección, gerencia, división, departamento. Se recomienda la implementación de equipos o propietarios de gestión)

-Relación de cada unidad con el número de cargos y el volumen de trabajo (proporcionalidad) (ejemplo: un gerente de unidad no debe tener un solo asistente, 2 personas en total)

-Cumplimiento de la eficacia y desempeño con los objetivos y metas en cada unidad (Inventario de metas e indicadores de gestión)

-Relación de planes y presupuestos con el nivel de desempeño en cada unidad (eficiencia)

-Aportes de cada unidad a la organización en términos de beneficios tangibles (logros efectivos)

-Relación de procesos con funciones, actividades y tareas, y verificar su alineación y coordinación con el tiempo en cada unidad (Análisis Estratégico)

-Evaluar cantidad y calidad de información y documentación y su relación con el trabajo

-Número de Personas y su relación con el trabajo y el desempeño (proporcionalidad)

-Evaluar el estilo de liderazgo, política y manejo gerencial de cada unidad (eficacia)

-Cantidad ideal de personas supervisadas (mínimo y máximo)

Este estudio permitirá relacionar las variables unas con otras y determinar causas, síntomas y efectos en una situación y con ello justificar la existencia de la unidad y su relación con el desempeño.

En función de los resultados obtenidos se procederá a:

-Eliminar cargos innecesarios (vicepresidentes, asesores, directores, consejeros)

-Fusionar unidades que se complementen administrativamente

-Eliminar roles individuales (un solo gerente en una oficina)

-Utilizar indicadores cualitativos para medir eficiencia. (Ejemplo: número de objetivos programados entre objetivos alcanzados)

-Sustituir unidades funcionales por unidades de coordinación, basadas en logística de procesos, gestión de calidad y filosofía del negocio.

-Configurar los humanogramas (equipos con autonomía para dirigir con libertad su gestión en base a procesos)

-Constituir asesores de base operacional (capacitar a la propia dirigencia de base)

-Sustituir jefes incompetentes que generen problemas de tipo emocional y sean un costo más que un valor.

-Eliminar cargos innecesarios de tipo administrativo y operativo que no se justifiquen

-Crear nuevos cargos administrativos y operativos que generen beneficios tangibles

-Eliminar duplicación de cargos directivos (dos gerentes generales en una misma línea de mando)

-Crear políticas interdepartamentales de gestión de calidad en función de los clientes (internos y externos)

En otros casos deberá considerarse lo siguiente:

Para empresas con organigramas de tipo familiar y con alta participación de nexos consanguíneos en más del 50% en cargos directivos se recomienda por cuestión de ética y para evitar posibles fraudes, desincorporar el 30% de cargos de tipo familiar y contratar profesionales con autonomía relativa y especialización preferiblemente en áreas de Gestión Humana, Administración, Dirección General, Créditos, Tesorería y Presupuesto.

Reconfigurar el organigrama desde el punto de vista de la organización ideal, teniendo en cuenta el sistema matriz, el subsistema de apoyo y el sistema de salida en una relación de alineación y coordinación. (ver figura 10)

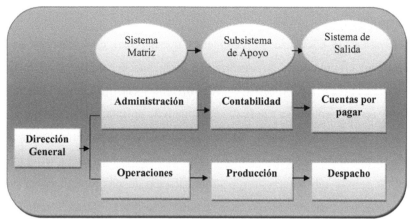

Figura 10. **Alineación y coordinación de los sistemas**

-Generar divisiones de negocios (según sea la configuración de la empresa)

-Constituir un organigrama hibrido (vertical y horizontal) o definitivamente horizontal de procesos.

-Crear una comisión de gestión de calidad corporativa para institucionalizar la cultura y el valor de la calidad

-Descentralizar divisiones regionales y otorgar autonomía absoluta y relativa según sea el caso

-Configurar la unidad de diversificación de negocios y productos responsable por generar nuevos negocios y marcas de productos que permitan duplicar los ingresos adscrita a la gerencia de mercadeo y ventas

-Crear la unidad de atención personalizada responsable por asesorar, orientar y dar información a los clientes sobre servicios y productos (solo cargos)

-De no existir, configurar la unidad de seguridad y ambiente, responsable por definir los procesos de seguridad en planta y la higiene ambiental y ergonómica adscrito a operaciones (solo cargos)

-Restablecer el número ideal de subordinados que pueden ser supervisados de manera personal en y para un jefe de departamento y director (mínimo cuatro, máximo veintiocho)

Cambio en los procesos

Generalidades:

En términos de eficiencia se recomienda trabajar más con procesos que con funciones. Para ello la unidad de organización y sistemas deberá llevar el control de todos y cada uno de los procesos en sus diferentes clasificaciones (estratégicos, misionales, apoyo y control) a través de un formato de inventario ubicado por área de gestión (ver figura 12). Ejemplo: Gestión Humana lleva entre otros procesos los referentes a captación, selección, capacitación, desarrollo, planeación y registro de personal. Se recomienda automatizar la administración de los procesos en un sistema tecnológico de información con una base de datos relacional, alineando cada proceso con el subproceso, actividad, tarea, objetivo y la competencia requerida.

Administración y control de procesos: Se crea el programa de administración y control de procesos (PACP) siendo responsabilidad de la unidad de organización y sistemas la cual deberá llevar los siguientes lineamientos:

- Matriz de procesos (registro de niveles con jerarquía horizontal)

-Alineación de procesos (relación estratégica)

-Componentes del proceso (diseño y estructura)

-Indicadores de medición (eficiencia)

- Mejoramiento continuo (innovación y cambio por problemas) (ICP)

Matriz de procesos: Cada empresa deberá llevar un registro de procesos por departamentos a fin de conocer cuales, cuantos y donde se suceden los procesos con sus respectivos objetivos y competencias (ver figura 11)

Unidad	Proceso	Objetivo	Competencia del Proceso	Competencias del Responsable	Observaciones
Gestión Humana	Captación	Búsqueda y captura de talentos	Atracción selectiva de talentos	Conocimientos de ofertas de Trabajo	
Dpto. ↓	Selección	Evaluación y contratación de talentos	Contratación confiable	Capacidad de evaluación de personas	
	Planeación	Pronósticos de personal	Relevo generacional	Cosmovisionario de gestión continua	

Figura 11. **Matriz de Procesos por Departamentos**

Cada unidad de la empresa tendrá su matriz de procesos y lo ajustará de acuerdo a sus necesidades e intereses. La Dirección General de la empresa a su vez llevará el registro de procesos estructurados según la función y meta que cumplen (ver figura 12)

Procesos	Unidad de Gestión	Función	Metas
Estratégicos	Presidencia Dirección General	Inversiones Fusiones Calidad integral Adquisiciones	Ampliación Diversificación y Nuevos negocios
Misionales	Mercadeo Ventas Producción Atención al Cliente	Ventas Distribución Despacho Fabricación	Unidades vendidas Mercados capturados Nº de nuevos clientes
Apoyo	Administración Gestión Humana Tecnología Organización y Sistemas	Planeación, supervisión Administración de personal Sistemas de innovación Control de Procesos	Cumplimiento de obligaciones Responsabilidades y logros administrativos
Control	Contabilidad Presupuesto Auditoria Nominas	Control financiero Plan financiero Verificación de gastos	Verificar cumplimiento de planes y control de gastos y costos

Figura 12. **Matriz de Procesos Estructurados**

Se recomienda que la unidad de tecnología y comunicaciones deba llevar el registro de la matriz de procesos en un sistema digitalizado de información para disponer, administrar y almacenar los datos relativos a cada departamento con su registro clasificado de procesos. Según lo determine la empresa el sistema de información deberá registrar datos clasificados relativos a procesos y actividades conectados a un inventario de problemas y un banco de estrategias para la toma de previsiones. (ver figura 13)

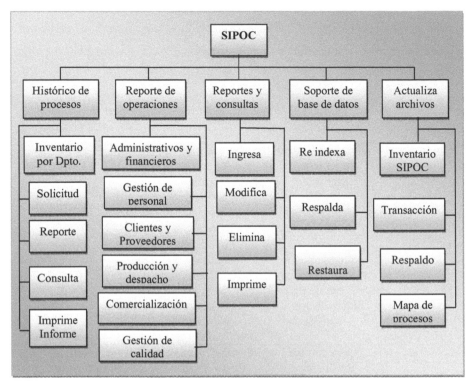

Figura 13. **Sistema de Información de procesos, objetivos y competencias**

Alineación de procesos: Sera el producto de una correcta coordinación entre los componentes administrativos del trabajo y los responsables por áreas de gestión. Los componentes administrativos para alinear procesos son:

Para cada proceso se deberán identificar los proveedores, los insumos, la actividad de transformación, el producto o servicio y el cliente. Así mismo se deberá tener la referencia metodológica para el análisis del proceso.

Los responsables por área de gestión serán los líderes o supervisores de cada equipo de trabajo o unidad de la organización. La alineación de los procesos podrá ser entonces interna (dentro de la unidad de gestión) o interfuncional (entre unidades de gestión) lo importante es que se produzca una eficiente coordinación para obtener resultados efectivos en tiempo y espacio.

A continuación describiremos un caso práctico de alineación de procesos para presentarlo como una referencia que puede ser asimilada por la Dirección General de la empresa para su diseño e implementación en el plan estratégico.

Caso I: Alineación de Procesos

Proceso	Subproceso	Actividad	Tarea	Objetivo	Meta
Capacitación de operadores	Detección de necesidades de operadores	Toma de información	Pasos Revisión Análisis Comprensión Decisión	Mejoramiento de competencias de operadores de planta	53 Operadores a preparar en 15 días

Caso II (Relacionado con el ejemplo anterior)

Proveedores	Insumos	Misión	Producto	Clientes
Gerentes Supervisores de planta operadores	Contrato colectivo, detección de necesidades, objetivos, políticas	Planificación, coordinación y ejecución del proceso de capacitación	Plan de capacitación, mejor calidad de vida, mejoría en el trabajo	Gerencia de despacho. Gerencia de producción. Gerencia de ventas

Figura 14. Alineación de procesos

Caso III: Análisis del proceso de admisión de personal.

Problema detectado: Exceso de tiempo para la contratación de personal

Identificación: Proceso de captación y selección de personal

Herramienta de apoyo: Flujogramas de tiempo y diagramas de flechas

Causas: Ausencia de un sistema de información, exceso de documentación, exceso de pasos, personal no calificado.

Efectos: Interrupción del trabajo, problemas con clientes, perdida de objetivos, incremento de costos.

45

Consideraciones del análisis alineativo:

-Auditar el sistema de captación y selección de personal

-Verificar nivel de proveedores, clases de insumos, subprocesos y actividades, producto, opinión de clientes, cumplimiento de objetivos y metas.

-Evaluar competencias de los usuarios del proceso (analistas, asistentes)

-Evaluar cantidad y calidad de información de tipo manual y documentación

-Analizar cantidad de pasos con el uso de diagramas

-Utilizar indicadores para medir la eficiencia del proceso

-Llegar a una conclusión y recomendar cambios

Recomendaciones estratégicas para mejorar el proceso:

.- Comparar proveedores, insumos, misión, producto y opinión del cliente con los objetivos, competencias y metas, relacionados en el proceso y correlacionarlos con la línea directa del trabajo

.- Eliminar pasos innecesarios (porqué, qué)

.- Combinar partes del proceso (cómo, cuándo)

.- Reordenar fases del proceso (qué, cuándo, cómo)

.- Simplificar los pasos del proceso (qué, cuándo)

.- Mejorar relación con proveedores a nivel de información

.- Evaluar pertinencias de los insumos, clasificar y seleccionar los de mayor prioridad

.- Simplificar y/o fusionar la documentación

.- Mejorar competencias del personal usuario del sistema

.- Eliminar actividades y tareas innecesarias

.- Crear un sistema de información de datos para apoyar las decisiones

.- Rediseñar el proceso, con alineación lógica de subprocesos, actividades, y tareas que combinadas garanticen un menor tiempo de trabajo, diagramarlo, presentarlo, discutirlo e implementarlo, haciendo énfasis en su seguimiento. La idea es que se constituya una alineación eficiente y eficaz entre las partes del sistema de selección de personal para el logro de los objetivos y metas deseadas.

Componentes del proceso: Todo proceso tiene sus componentes, y se hace imperativo conocer su diseño y estructura interna para entender su dinámica y su conexión con el resto del sistema.

Para diseñar un proceso se necesitará saber:

.- Su titulo	.-Su ambiente
.- Su objetivo	.- Sus indicadores
.- Su utilidad	.- Sus competencias
.- Factibilidad	.- Su documentación
.- Su alcance	.- Su diagramación
.- Sus normas	.- Su valor agregado
.- Su método	.- El responsable (s)
.- Su secuencia	.- La auditoria

La Dirección General de la empresa conjuntamente con el comité estratégico del cambio (CEC) debería editar un manual de procesos contentivos no solo de su cantidad y clasificación, sino también de sus componentes los cuales varían de acuerdo al tipo de proceso y de gestión a la que haga referencia.

Diseño del Proceso:

Titulo: Control de calidad de gestión

Objetivo: Instrumentar el control de calidad de los productos a fin de medir su rendimiento

Utilidad: Verificar estado de la calidad del producto o servicio

Factibilidad: Posibilidad de implementarlo en el sistema de producción de planta o almacén

Alcance: Desde la llegada de la materia prima conversión y transformación en producto final

Normativa: Normas de calidad que controlen la realización del producto desde su inicio hasta la etapa final.

Método: Medición a través de controles estadísticos de niveles de aceptabilidad

Secuencia: Llegada de materia prima, limpieza, conversión, diseño, validación, empaquetamiento, muestra y despacho.

Indicadores de rendimiento: Elaboración del producto, reclamos del cliente, entrega a tiempo, calidad del servicio.

Ambiente: Planta de producción, Dpto. de control de calidad, almacén, cliente

Competencias: Toma de decisiones, registros estadísticos, evaluación cualitativa, análisis físico químico, control de inventarios, supervisión de procesos.

Documentación: Registro de materia prima, control estadístico, revisión de tiempos, control de proveedores.

Diagramación: (utilización de la simbología y tiempos)

$$\bigcirc \to \square \to \bigcirc \to \mathrm{D} \to \diamondsuit \to \boxed{\bigcirc} \to \Rightarrow \to \triangledown$$

Valor Agregado: Actividades complementarias que enriquecen la calidad. Ejemplo: Diversificar registro de proveedores estratégicos.

Responsables: Coordinador de la gerencia de control de calidad, los supervisores y operadores de producción.

Auditoria: Estudio del proceso de calidad de gestión a través de los servidores de Kipling (qué, porqué, cómo, cuándo, dónde, quién)

Indicadores de Medición: La Dirección General conjuntamente con la comisión estratégica de cambios (CEC), deberá evaluar con herramientas cualitativas y cuantitativas el rendimiento de los procesos a fin de determinar su eficiencia y efectividad. En función de los resultados de cada evaluación se buscará el cambio del proceso según sea su indicador: mantenerlo, sustituirlo, eliminarlo, modificarlo, ampliarlo o simplificarlo.

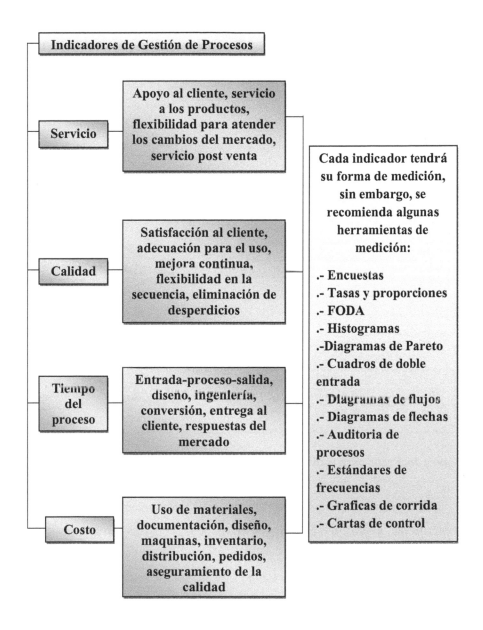

Figura 15. Indicadores de gestión de procesos

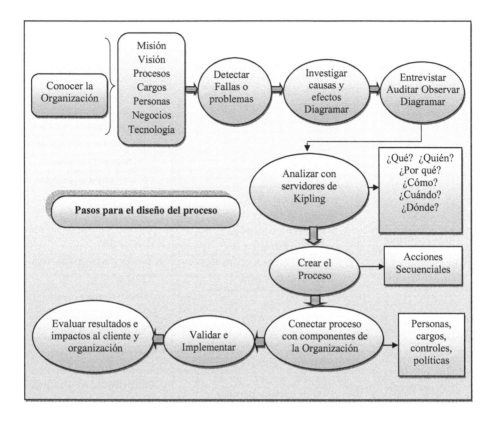

Figura 16. **Pasos para el diseño del proceso.**

El enfoque basado en procesos del sistema de mejoramiento continuo adscrito al programa de gestión de calidad determina seis (6) pasos básicos para diseñar procesos, tales son:

.- Identificar los procesos necesarios para su aplicación según sea su categoría y área de responsabilidad (misionales- producción, apoyo- tecnología)

.-Determinar la secuencia e interacción de los procesos deseables.

.-Determinar criterios y métodos para asegurar la operación y el control eficaz de los procesos. (Se recomienda el uso de indicadores de gestión)

.-Asegurar la disponibilidad de los recursos de información y documentación para apoyar la operación y seguimiento de los procesos.

.-Realizar el seguimiento de medición y análisis de los procesos.

.-Implementar acciones para alcanzar resultados planificados en el mejoramiento continuo de procesos.

Otro instrumento grafico para verificar el proceso de pagos a proveedores (Diagrama de flechas):

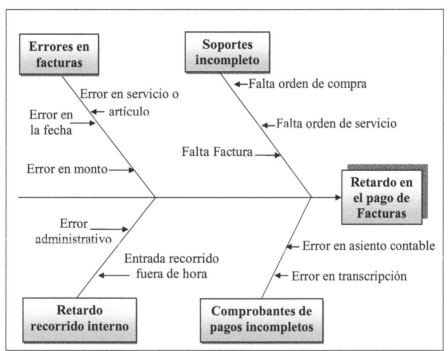

Figura 17. Instrumento grafico para verificar el proceso de pagos a proveedores (Diagrama de flechas)

De todas estas posibles causas que generan el problema, se valorizan y se priorizan para seleccionar la causa raíz definitiva y con ello recomendar soluciones.

Mejoramiento continuo como metodología alternativa. Es un proceso permanente de cambio, en la búsqueda de la innovación y transformación de las debilidades por fortalezas y las amenazas en oportunidades. Para ello la Dirección General y la Comisión Estratégica del Cambio, deberán implementar el plan de mejoramiento continuo basado en las siguientes premisas:

Definición del plan: Diagnostico Organizacional:

.- Evaluación de la estructura del sistema de gestión de la empresa

.-Auditoria de los procesos actuales

.-Evaluación de indicadores operativos, de gestión y de resultados.

.- Conocimiento de los negocios de la empresa

.-Sensibilización e inducción al personal

Identificación de problemas:

.- Humanos

.- Procesos

.- Tecnológicos

.- Administrativos

.- Comerciales

.- Calidad

.- Operativos

Diseño e implementación:

.- Cambio y mejoramiento de procesos

.- Capacitación para la innovación

.- Manejo del sistema de información de procesos

Revisión y seguimiento:

.- Estudio de indicadores de gestión (Cualitativos y Cuantitativos)

.- Evaluación del rendimiento de los indicadores

.- Comparación antes y después

Consolidación del mejoramiento continúo:

.- Mantener suministro de recursos

.- Consolidar equipos de procesos de calidad

.- Fortalecer las relaciones Dirección-Administración-Operación

Cambio en los métodos:

Generalidades:

Los métodos significan un aspecto fundamental de los procesos porque son la forma o manera (el cómo) en que se ejecuta un trabajo. Entonces, procesos y métodos son componentes interactivos e interdependientes en un sistema de gestión. Es por ello que la Dirección General deberá revisar a través de la auditoria de métodos la secuencia del o los procesos para determinar los tiempos mínimos estándares y los tiempos máximos deseados:

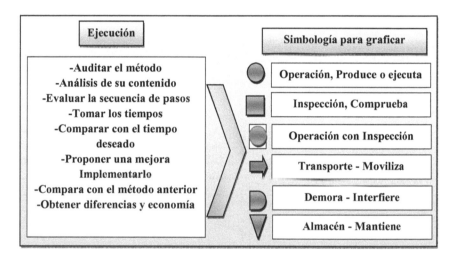

Figura 18. **Auditoria de métodos**

Para graficar el método actual se utilizará un cursograma que representa una operación o procesos, se toman los tiempos y la distancia y se procede a determinar cuántas veces se hace esa operación por unidad de tiempo para obtener el total actual y proponer el total deseado (ver figura 19)

Cursograma Analítico	Operario Material Equipo			
Diagrama N° 1 Hoja N° 1	RESUMEN			
Fecha:	Actividad	Actual	Propuesto	Economía
Actividad: Proceso de compras	⬤ Operación	7		
	▬ Inspección	1		
Método: Actual ~~Propuesto~~	◧ Combinación	1		
Lugar: Departamento de Compras	⬌ Transporte	1		
	D Demora	2		
	▽ Almacena	1		
	Dist.			
	Tiem			

Descripción	T	D	C	⬤	▬	◎	⇒	D	▽	Observaciones
Recibe orden de compra	05'			●						Analista de Compra
Prepara orden de compra	10'			●						
Revisa sistema proveedores	10'					●				
Solicita presupuestos	08'			●						
Espera cotizaciones	10D							●		10 Días
Relación oferta	30'			●						
Prepara orden de pago	11'			●						
Envía a contabilidad	06'						●			
Archiva copia	05'								●	
Espera Material	3D							●		3 Días
Recibe en almacén	13'			●						
Verifica y aprueba	45'					●				
Emite orden de pago	15'			●						
Totales				7	1	1	1	2	1	

Figura 19. **Cursograma sistema actual de compras.**

En el grafico anterior se observa el método operativo en un sistema de compras donde el proceso tiene cuantificación. En todo caso, si el proceso es muy lento para los usuarios ocasionando pérdida de tiempo, se procede al análisis del método de trabajo en el cargo o puesto con el responsable aplicando los servidores de Kipling. Para ello se hacen preguntas tales como:

.- ¿Qué haces?

.- ¿Cómo lo haces?

.- ¿Porqué lo haces de esa manera?

.- ¿Podrías hacerlo mejor?

.- ¿Cuándo lo haces?

.- ¿Qué pasa si lo haces antes o después?

.- ¿Qué pasa si eliminas este proceso?

.- ¿Qué sucedería si agregas este proceso?

.- ¿Qué sucede si combinas esto con aquello?

.- ¿Porqué no usas más información?

.- ¿No tienes suficientes? ¿Por qué?

.- ¿El sitio es adecuado para tu trabajo?

.- ¿Cuáles son tus conocimientos?

.- ¿Dominas bien tu trabajo?

.- ¿Te equivocas a menudo?

.- ¿Tienes quejas de los usuarios?

.- ¿Cuántas veces tienes reclamos?

.- ¿Haces mucho papeleo?

.- ¿Crees que debes eliminar papeleo?

En función de la entrevista se reúnen los hechos y se procede a diseñar un método de trabajo más rápido y eficiente que permita ejecutar el trabajo en menos tiempo sin desmantelar su contenido (haga usted la prueba).

Cambio en las Personas
Generalidades:

La Dirección General de la empresa consciente del protagonismo de la gente en ambientes de cambio, deberá ofrecer las oportunidades y los recursos para que los responsables de realizar el proceso de transformación organizacional -el Comité de Cambio Estratégico- tengan la autoridad, la autonomía y los incentivos para generar la nueva cultura de la vida y de la calidad de gestión.

La unidad de Gestión Humana deberá liderar el proceso de cambio en la gente realizando los siguientes aspectos:

.-Seleccionar personas para promoverlas como activadores y agentes de cambio según su perfil (antigüedad y conocimientos)

.-Informar y sensibilizar a la gente sobre el proyecto de cambio y su participación activa a través de la red social y digital, charlas, circulares, videos.

.-Constituir liderazgos colectivos que apunten hacia la participación y democracia de gestión a través de programas de formación.

._Coordinar con la gente de mercadología la realización de los talleres del programa de innovación de negocios a través de reuniones y mesas técnicas

.- Preparar y entrenar a la gente sobre la gestión de procesos y estrategias con visión de negocios para el mejoramiento continuo en coordinación con las unidades de organización y sistemas, tecnología y mercadeo.

.- Capacitar a la gente sobre el trabajo de equipos en gestión horizontal con "Autonomía Lateral" para la gestión de negocios a través de programas de formación

.-Preparar a la gente en competencias de innovación de negocios, de gestión de calidad y manejo de la tecnología de la información como un sistema integral.

.- Capacitar a la gente en el manejo de herramientas diagramáticas e indicadores de gestión integral tales como: flujogramas, diagramas de redes, de tiempo, de flechas, diagrama de Pareto, árbol de procesos, a fin de que aprueben la visualización sistémica de los problemas y generen alternativas de solución.

.- Promover la cultura del trabajo, el pensamiento sistémico para el análisis de conjunto y el desempeño dirigido hacia la visión del proceso para el cliente, la organización y la coordinación operativa.

.- Generar publicidad sobre la cultura horizontal, gestión de la calidad y del cliente, a través de los medios informativos de la empresa.

Los manuales de calidad de gestión y de políticas serán documentos indispensables para el apoyo de la nueva cultura de la horizontalidad. Se hace énfasis en el trabajo de gestión horizontal, dado que este modelo opera más con procesos que con funciones, dando prioridad a la participación del cliente en el diseño del producto, por lo tanto todo cambio deberá estar orientado hacia la gente, el cliente, el mercado y el entorno.

Cambio en la tecnología de la información

Generalidades:

La Dirección General deberá promover conjuntamente con la comisión estratégica de cambios (CEC) y la unidad de tecnología e información, la utilización de las herramientas electrónicas para la gestión del trabajo basado en procesos, calidad, competencias y negocios. Para ello se deberá crear (de no existir) la unidad de comercialización electrónica al cliente, la cual operará a través de plataformas digitalizadas tales como: tele aprendizaje, directorios electrónicos, agentes inteligentes, portafolios, página Web, editoriales, centros comerciales, servicios de búsqueda, evaluadores de sitios, foros y la internet.

Se recomienda que los teleoperadores deban tener una preparación y conocimiento en telemercadeo, manejo de idiomas universales y comerciales y capacidad de comunicación, asesoramiento y manejo de público.

El sistema de información de procesos, objetivos y competencias (SIPOC) deberá constituirse como una red de datos disponibles para los gerentes, especialistas, administradores, supervisores, empleados y técnicos que requieren el conocimiento para la gestión estratégica de los procesos basados en negocios. (Se recomienda diseñar un modulo de indicadores de gestión)

La unidad de gestión humana coordinará con la unidad de tecnología e información y de organización y sistemas, la preparación y capacitación de los talentos en el manejo del sistema de información y su relación con los procesos, negocios y toma de decisiones en la gestión horizontal. Así mismo el sistema de información a diseñar deberá contener módulos y archivos relativos a procesos, objetivos, competencias, actividades, y problemas clasificados y alineados en función de cada negocio y conectados a un banco de estrategias a fin de suministrar conocimientos para la toma de decisiones, generación de planes, admisión y control de recursos, prevenciones y previsiones, actualización y racionalización de operaciones, entre varios aspectos.

Cambio en la direccionalidad

Generalidades:

La Dirección General de la compañía deberá promover, estimular y apoyar con su presencia gerencial la gestión de cambio concediendo los recursos necesarios y transformando el estilo de dirección hacia un modelo de horizontalidad con nueva visión de los negocios, la calidad, el cliente, los procesos, la manufactura, el servicio, las estrategias, políticas y el aprendizaje. Así mismo delegará en la comisión estratégica de cambios, la responsabilidad y autoridad para que coordine y planifique dicho proyecto.

La nueva direccionalidad estará basada en la reconducción del negocio (definición del plan de cambio) rediseño de la estructura (nuevo organigrama) implantación del cambio, redirección de la misión y visión con nuevas políticas de gestión de procesos de calidad y atención al cliente. Promoción de la nueva cultura y de los valores horizontales del negocio, formación y aprendizaje continuo conformado por equipos multidireccionales con carácter de espontaneidad para crear e innovar multinegocios basado en nuevas competencias humano-organizacionales. Para movilizar y fortalecer el proceso de cambio la dirección general de la compañía deberá promover los siguientes aspectos:

.- Definir la nueva misión y visión de los negocios utilizando los medios adecuados.

.-Definir la nueva dirección hacia el valor-cliente como política primordial.

.-Identificar objetivos estratégicos competitivos y determinar factibilidad.

.- Redistribuir jerarquías en mandos laterales con coordinación operativa en apoyo a la dirección central.

.-Sustituir funciones por procesos medulares, de apoyo al cliente.

.- Conceder la protagonización a los trabajadores en su gestión de negocios con políticas direccionadas hacia ese fin.

.- Eliminar funciones que no agreguen valor y sustituirlos por procesos de apoyo.

.- Generar políticas de aprendizaje continuo de procesos en calidad y manejo de indicadores de gestión

.- Recompensar la creatividad y la innovación en negocios productivos con bonificaciones especiales.

.- Administrar el programa de alineación de sistemas de procesos como política estratégica de la alta dirección.

.- Administrar el sistema de tecnología de la información de procesos (SIPOC)

.- Promover el diseño de manuales de gestión horizontal y de competencias enfocados hacia la calidad de gestión.

.- Crear equipos estratégicos multidireccionales para la participación democrática (comisiones y consejos estratégicos especializados)

.- Generar los nuevos valores de la cultura de gestión horizontal como política de la alta dirección.

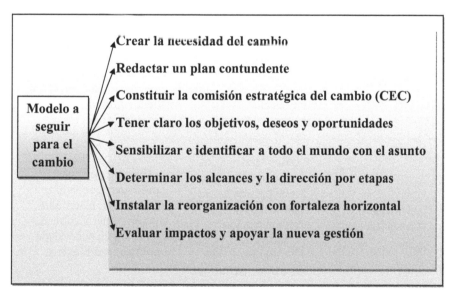

Figura 20. **Modelo a seguir para el cambio**

Cambio hacia el cliente

Generalidades:

Las empresas modernas deben enfocarse en los clientes, los internos y los externos. Los internos son sus trabajadores con el servicio y la coordinación de procesos que se establece entre ellos. La Dirección General de la empresa deberá identificar a sus clientes, clasificarlos y definirlos si es posible en un "Manual del Cliente Interno".

Llamaremos cliente interno a las personas que se surten de los servicios de otras unidades para operar, así como las personas que reciben el beneficio por los servicios que aportan y la satisfacción de sus necesidades y requerimientos. Por lo tanto, los trabajadores son socios en la competitividad organizacional. La organización debe mirar a sus trabajadores como clientes, socios y aliados, no puede ignorar su contribución. Ahora bien, es importante identificar las unidades abastecedoras. Éstas son:

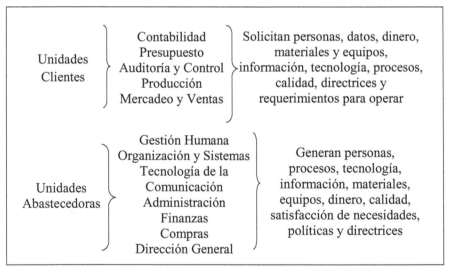

Figura 21. Unidades clientes y abastecedoras

La coordinación logística entre las unidades abastecedoras y las unidades clientes permitirá la salida eficaz de los objetivos y metas en productos y servicios al cliente externo.

Acerca del cliente externo: Es nuestro principal socio, sin él no vendemos nuestros productos, por él debemos entonces trabajar. Para ello la Dirección General de la empresa deberá:

- Invitarlos al conocimiento de nuestra organización y escuchar sus expectativas
- Comprender las necesidades actuales y futuras del cliente
- Comprender sus requerimientos técnicos y estéticos del producto
- Constituir un servicio de atención electrónica comercial especializada para el cliente
- Crear programas de gestión de calidad del producto en atención al cliente
- Crear una página Web para fines de publicidad e información
- Recibir sus quejas y atenderlas con soluciones eficaces
- Incorporarlo a la mesa de negocios y diseño del producto con apoyo de indicadores de gestión que orienten decisiones.
- Responsabilizarse por la custodia y preservación de sus bienes y/o materiales
- Generar un servicio de venta y postventa eficiente
- Crear estrategias para conectar las necesidades del cliente, la competencia y las características del mercado.
- Relacionar quejas o reclamos con el proceso, el producto y el servicio
- Llevar un seguimiento estadístico de la atención al cliente y verificar soluciones
- Realizar encuestas a los consumidores, evaluarlas y atender sus resultados

El cambio hacia el cliente: La Dirección General deberá promover los cambios pertinentes, necesarios y esenciales para mantener los aliados y socios en el negocio apoyado en indicadores de gestión, para ello deberá:

Cliente interno:

- Informarle sobre el futuro cambio

- Explicarle de sus ventajas y desventajas
- Sensibilizarlo e incorporarlo al proceso
- Concederle la propietarización de su gestión
- Atender sus quejas, necesidades y requerimientos con objetividad
- Proveerle de planes de desarrollo e incentivos y capacitación del manejo de indicadores de gestión
- Motivarlo a crear e innovar para el fortalecimiento de su negocio basados en metodologías de innovación.
- Generarle la confianza y la seguridad en su gestión de trabajo
- Incorporarlo al programa de gestión de calidad y hacerlo protagonista del mismo

Cliente Externo: La Dirección General deberá acceder al cliente para:
- Informarle sobre el plan de cambio organizacional
- Generar publicidad directa sobre productos y servicios al cliente
- Informarle sobre los servicios de atención electrónica comercial
- Concientizarlo sobre los nuevos valores, imagen y cultural comercial
- Concederles ofertas e incentivos en el producto y servicio
- Indicarle sobre el cambio en los procesos para optimizar la gestión
- Informarle sobre el cambio en la estructura para la flexibilidad y rapidez
- Informarle e incorporarlo al programa de gestión de calidad y mejoramiento continuo con el apoyo de indicadores de gestión
- Invitarlo a formar parte de los planes de diseño y desarrollo del producto y gestión de calidad
- Capacitarlo en talleres de comercialización, ventas y negocios del producto

Acerca del Proveedor: Son los abastecedores de nuestras necesidades de trabajo y de la compañía, para ello la Dirección General deberá:
- Informarle sobre el proceso de cambio organizacional
- Informarle sobre el proceso de conversión del producto
- Informarle sobre nuestra data de proveedores

- Informarle el porqué lo consideramos un aliado estratégico

- Informarle e incorporarlo al conocimiento de nuestro programa de gestión de calidad y mejoramiento continuo

- Mantener una política de confianza y preferencia como surtidor de nuestro negocio y manejo de indicadores para la evaluación del rendimiento.

- Estimularlo a mantener un programa de calidad en la inversión de sus surtidos y proceso de abastecimiento

- Invitarlo a participar en talleres de provisión de insumos y calidad de gestión

Cambio en los Negocios

Generalidades:

Los negocios son el sustento de la organización y su gente. La idea es diversificarlos en función del aporte de sus trabajadores a través de programas de innovación continua. Para ello la Dirección General deberá fortalecer el área de Gestión Comercial de la empresa en su Gerencia de Mercadeo y Ventas a través del programa "Recogestión de Negocios basados en innovación" el cual contempla:

.-El fortalecimiento de los especialistas en negocios en la Gerencia de Mercadeo y Ventas

.-La identificación y clasificación de tipos de negocios sugestivos a futuro para la empresa

.-La aplicación de talleres de capacitación basados en el Programa de Innovación de Negocios (PIN) apoyado en la metodología de innovación de negocios (MIN) cuyo contenido se especifica a continuación:

- Misión y visión de negocios
- Características del cliente
- Objetivos de los negocios
- Desarrollo de los negocios
- Responsables de los negocios

- Negocios, empresas y mercados
- Manejo de indicadores de negocios
- Nuevos negocios y factibilidad
- Negocios y recursos complementarios
- Negocios, producción y gestión de calidad
- Negocios y equipos de negocios
- Características del consumidor
- Apoderamiento del negocio
- Escenarios posibles
- Proceso de implementación

Descripción del programa de aplicación de la Metodología de Innovación de Negocios (MIN)

Por principios el taller deberá ser preparado y presentado por los especialistas en negocios de la Gerencia de Mercadeo y Ventas para los usuarios del área administrativa, financiera, comercial y operativa.

Contenido:

Misión y Visión de los negocios: Se deberá identificar la filosofía con los tipos de negocios actuales de la empresa y a través de un esquema FODA, diagrama de Porter y sistemas de información, se identificarán las amenazas, oportunidades, debilidades y fortalezas, así como las fuerzas dominantes del mercado, (barreras, gobierno, competidores, proveedores, productos y compradores) y con estos resultados, se diseñaran las estrategias del juego, los cuales consistirán en conectar la misión, visión y los negocios con la estructura organizativa, los procesos, la tecnología de la información, las capacidades de gestión humana y por supuesto los problemas. Se recomienda elaborar un escenario y analizarlo.

Características del Cliente: En el taller se deberá indicar cuáles, cuántos y cómo son nuestros clientes, así como donde están, cuándo y en qué momento negocian con la organización, porqué trabajan con nuestros productos, y cuáles son sus necesidades, expectativas e intereses. Es importante crear la conciencia del "Enfoque al Cliente", es decir, trabajar por ellos y para ellos, por lo tanto, el perfil del cliente será necesario destacarlo y analizarlo.

Objetivos e importancia de los negocios de la empresa: En este punto se definirán los tipos de negocios de la empresa, los objetivos y la importancia en cada uno de ellos, el mercado y la competencia a fin de que los usuarios comprendan su naturaleza. Se recomienda elaborar un inventario de negocios.

Desarrollo de los negocios: En este aspecto los especialistas en negocios de la Gerencia de Mercadeo y Ventas deberán hacer énfasis en la descripción del proceso de cada negocio (entrada y salida) así como las unidades responsables por su gestión, indicando su contribución financiera, social y el valor agregado. En todo caso el uso y capacitación del manejo de indicadores serán relevantes para el conocimiento de los negocios.

Responsables de los negocios: En primer lugar se recomienda constituir un "Consejo de procesos de negocios", (CPN) cuya responsabilidad será analizar los nuevos planes de negocios sugeridos por los trabajadores que participen en el programa de innovación, así como aportar proyectos de nuevos negocios. Dentro de sus funciones está la asesoría, orientación, evaluación y aprobación de proyectos sugeridos. Para ello se recomienda incorporar gente de mercadeo y ventas, administración, finanzas, calidad y producción.

Empresa negocio y mercado: En este punto deberá explicarse la relación entre la empresa, sus negocios y el mercado. Como establecer las estrategias, las decisiones, los impactos en los consumidores, los competidores, los productos, los precios y la publicidad, los sistemas de información serán de gran apoyo en el análisis.

Manejo de indicadores de negocios: Es importante que el empleado conozca y maneje los indicadores relacionados con negocios específicos, utilizando para ello herramientas estadísticas, gráficos, diagramas, proporciones, tasas, promedios, cálculos, porcentajes y su relación con los objetivos, estrategias, acciones y metas de manera de generar una visión integral para evaluar el rendimiento de los gastos, costos, clientela, eficacia de los procesos y desarrollo humano enfocados a nuevos negocios. Ejemplo: calidad del servicio, número de clientes, nuevos productos y mercados, productividad de los empleados, valor añadido del mercado, beneficio por % de ventas, entre otros.

Nuevos negocios y factibilidad: El programa de innovación de negocios centra su fortaleza en este punto. Aquí se deberá hacer énfasis en el método para crear negocios, los usuarios atenderán las sugerencias de los especialistas pero el conocimiento y la competencia serán indicadores esenciales. Para ello se requiere saber y manejar:

▪ La organización sus negocios, sus políticas, objetivos e información relacionados al cliente y mercadeo.

▪ El uso de los indicadores de gestión de negocios.

▪ El perfil del cliente

▪ La competencia en el mercado

▪ Las características, necesidades y apetencias de los consumidores

▪ Los costos y presupuestos

▪ La capacidad de análisis

▪ La capacidad de visión

▪ La capacidad para planear sucesos para formar negocios

▪ El manejo de herramientas graficas para visualizar tendencias

▪ El conocimiento de los procesos de producción, calidad y comercialización

▪ Los procesos de la investigación basado en el método O.A.C.E. (observa, analiza, crea y evalúa)

• Se observa el mercado y sus características

• Se analiza la posibilidad del nuevo negocio

• Se crea y diseña la gestión del negocio

• Se evalúa la factibilidad del beneficio

Negocios y recursos complementarios: Se refiere al conocimiento a la calidad y cantidad de los recursos necesarios para acompañar el proyecto del nuevo negocio:

66

- Proveedores
- Materia prima
- Calidad de materia prima
- Disposición de entrega
- Procesos internos de producción y fabricación
- Recursos humanos (opcional)
- Costo de publicidad
- Documentación (opcional)
- Demanda mínima garantizada
- Equipos y/o tecnologías
- Costo de fabricación
- Costo de producción
- Costo de distribución
- Costo de ventas
- Resultados de indicadores de gestión.
- Manual de ventas (opcional)
- Disponibilidad presupuestaria
- Sistemas de información (opcional)
- Manual de diseño de proyectos (opcional)
- Manual de gestión de calidad (opcional)
- Disposición de la fórmula del producto (opcional)

La cantidad y disposición de los recursos quedará a criterio de la Dirección General y del Consejo de Procesos de Negocios (CPN).

Negocios, producción y gestión de calidad: Se refiere a la redacción y emisión de las políticas y normativa de la Dirección General dirigidas a generar conciencia del negocio y su relación con la producción y producto con la gestión de calidad en función de la satisfacción de los requerimientos y especificaciones del cliente.

El negocio es una planificación de la mercadotecnia, un resultado del proceso productivo y un escrutinio de las condiciones de presentación.

El buen negociante deberá tener definido claramente los procesos de:

- Planificación, diseño y desarrollo del producto
- Gestión de responsabilidades en el diseño
- Salud y seguridad ambiental
- Facilidad de uso y durabilidad
- Manejo de indicadores de gestión.
- Aportes del proveedor
- Requerimientos y atención del cliente
- Sistema de información
- Normas de calidad nacionales e internacionales
- Equipo y tecnología
- Competencia del personal involucrado
- Instalaciones, almacenamiento y despacho
- Análisis del entorno socioeconómico
- Especificaciones y criterios de aceptación del producto
- Disposiciones legales y gubernamentales

Los procedimientos para describir las acciones sucesivas y continuas que muestren el sistema de gestión del negocio serán de exclusivo diseño de la unidad de organización y sistemas, en coordinación con la unidad de mercadeo y ventas, la cual deberá crear la documentación de los formatos de apertura de negocios para los solicitantes del programa de innovación de negocios (PIN), así como manuales, normativa y flujo de procesos. Ejemplo del formato:

- Titulo del formato
- Fecha
- Departamento
- Solicitante y/o equipo
- Cédula de Identidad
- Cargo que desempeña
- Antigüedad en la empresa
- Tipo de negocio que solicita

- Descripción del negocio
- Justificación y objetivos
- Beneficios que aporta
- Destino-mercado
- Análisis previo del mercado
- Especificación de costos
- Proveedor y tipo de materia prima
- Factibilidad
- Tipo de indicador
- Tecnología necesaria
- Resumen del proceso
- Observaciones
- Evaluado por el CPN
- Aprobado-Rechazado
- Motivo. Firmas

Negocios y equipos de negocios: Significa la conformación de equipos de negocios que se deseen constituir, liderado por un especialista solicitante quien coordinará las diferentes funciones y competencias del equipo, para el análisis, factibilidad y presentación del proyecto del nuevo negocio ante el CPN para su discusión y tratamiento. En todo caso, el solicitante podría ser un miembro individual del equipo, o todo el equipo miembro, y el líder en representación del equipo de negocios.

Características del consumidor: En este punto se deberá hacer énfasis en el estudio psicológico, social, económico, financiero y cultural de los consumidores del sector, localidad o región donde se enmarcaría el nuevo negocio, de modo que los usuarios, trabajadores o equipo puedan relacionar las partes que interactúan en el sistema de gestión de mercado e identificarse con él.

Apoderamiento del negocio: En este punto se explicaría que la Dirección General de la empresa facultaría a los equipos de negocios y a sus miembros el derecho de tener la libertad, autoridad y responsabilidad para conducir su gestión con autonomía plena para tomar decisiones, generar sus propios planes de trabajo, manejo de problemas, indicar sus objetivos y metas, informar y no reportar, coordinar sus procesos y elaborar su presupuesto, generar sus propios negocios y solicitar su evaluación y tratamiento.

Escenarios posibles: Será importante destacar en el taller la realización de ejercicios de posibles escenarios de proyectos de nuevos negocios para su análisis, discusión y ensayo con simulación de casos o sociodramas.

Para la discusión se utilizaran herramientas graficas y/o diagramas en donde el trabajador o equipo expondría la factibilidad de la idea. Se recomienda el uso de FODA, diagrama de Porter, resultados de encuestas de mercado, resultados de indicadores, reportes del consumidor, sugerencias del cliente, técnicas de grupo nominal, esquema DELPHI, entre otros.

Procesos de implementación: Se deberá indicar en el taller como debería ser el proceso de implementación de la idea creativa que conduce al nuevo negocio, lo cual incluye la explicación de los aspectos anteriores, desde que se inicia el deseo del proyecto, basado en la técnica: Observa, analiza, crea y evalúa (O.A.C.E) hasta su estudio, consideración y decisión final. Ejemplo: observa el mercado y la competencia, analiza la factibilidad del negocio, crea el proyecto, y evalúa probables impactos)

En el programa de innovación de negocios (PIN) se podría utilizar las diferentes estrategias que se consideren pertinentes para estimular la generación de nuevos negocios a través de la fomentación de equipos creativos, programas de inteligencia emocional, programación neurolingüística (PNL), talleres de capacitación de negocios, aprendizaje continuo, desarrollo del pensamiento sistémico, discusión de escenarios y experiencias en equipo, sociodramas. Laboratorios vivenciales, juegos de negocios, sistemas de información y en especial se recomienda la capacitación del uso, manejo e interpretación de indicadores a nivel de operación, gestión y resultados para medir eficacia, eficiencia y efectividad en negocios a futuro.

Cambio en el producto y gestión de calidad

Generalidades:

Se deberá hacer énfasis en la implementación del sistema de gestión de calidad basada en procesos regidos ahora por FONDONORMA. La Dirección General de la empresa fomentará la cultura de la calidad a través de sus políticas, promocionando dicho programa con enfoque al cliente. Para ello deberá solicitar a la unidad de organización y sistemas el diseño e implementación del manual de calidad de toda la empresa y el programa del sistema de gestión de calidad, lo cual incluye su participación y compromiso como eje promotor del mismo. Dicho programa se ajustará a la normativa internacional ISO 9004, el cual contempla los siguientes aspectos:

- Responsabilidad de la Dirección en línea horizontal
- Constitución del consejo de gestión de calidad (CGC)
- Política de la calidad
- Planificación horizontal
- Comunicación y revisión
- Gestión de indicadores de procesos de calidad.
- Gestión de recursos
- Ambiente de trabajo
- Proveedores y clientes
- Diseño y desarrollo del producto
- Procesos de compras
- Sistemas de información
- Servicios al cliente
- Mediciones estadísticas
- Auditoria de calidad
- Despeje de fallas
- Mejora continua
- Auto evaluación

Cambio en las políticas y estrategias

Generalidades:

La Dirección General de la empresa deberá diseñar políticas y estrategias que inviten a la participación y protagonismo de sus trabajadores" Todo es de todos, haciendo de todo y para todos", es la mejor política de una organización. Es una cosmovisión sistémica del pensamiento que envuelve a la gente y despierta las ganas de la "Cooperación Emocional", porque es un asunto de todos.

La organización debe cambiar sus "políticas de pirámide" por políticas donde se inspire la planificación y coordinación horizontal para que la gente participe desarrollando sus propias estrategias dirigidas a la reingeniería de la cogestión basada en el valor agregado del proceso constante, y promoción de innovación de negocios. La política de la Dirección General de la empresa deberá estar alineada con:

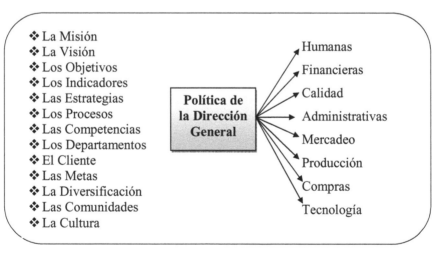

Figura 22. Alineación de las políticas de la Dirección General

Referencia: Política de la Dirección General de la Empresa Alinasa. Procesadora de alimentos enlatados:

Somos una empresa comprometida con la administración eficiente de nuestros recursos y la producción de derivados alimenticios destinados al consumo masivo, con una política de mejoramiento continuo en la gestión de calidad involucrando a nuestra fuerza humana como un factor de competitividad.

Nos proyectamos hacia la diversificación y para ello contamos con gente proactiva que nutre con sus ideas nuestros negocios. Nuestro objetivo principal es satisfacer los requerimientos y necesidades así como gustos y apetencias de clientes y consumidores con un mercado competitivo que requiere de estrategias de innovación, desarrollo de productos, procesos alineados, calidad de gestión, optimización de competencias humanas y con una cultura democrática de puertas abiertas.

Ejemplo Cognitivo:

Política: Talento humano comprometido con la gestión del desarrollo

Misión: Somos proveedores de productos de consumo masivo

Visión: Búsqueda de la diversificación y expansión en el mercado

Objetivo: Satisfacer clientes y consumidores con un producto de excelencia

Indicadores: Medición continua de los procesos.

Estrategias: Desarrollo de competencias humanas y organizacionales para la innovación

Procesos: Alineados con subprocesos, actividades y tareas con enfoque al cliente

Competencias: Innovación, autogestión, capacidad de decisión, participación en equipo

Departamento: Todos involucrados en comités y equipos para el desarrollo común

Cliente: Mantenimiento, consentimiento y ampliación

Meta: Cumplimiento del presupuesto y logro de planes

Mercado: Vencer las barreras y ampliar extensión

Diversificación: Productos y negocios sugeridos por los trabajadores

Comunidades: Puertas abiertas para la asistencia social y recreativas

Cultura: Gestión horizontal, democracia, tecnológica, apertura de oportunidades, innovación y coordinación de gestión.

Cambio en áreas o departamentos

Generalidades:

La Dirección General de la empresa deberá asignar a sus unidades de gestión la función estratégica y competitiva que le corresponda en un proceso de coordinación entre todos. Deberá asignar entonces la categoría (administrativa, operativa, coordinativa), así como qué tipo de estrategias, procesos y competencias manejará y cómo se administrarán los equipos de gestión horizontal.

Lo recomendable es que se cultive la cultura de la espontaneidad, es decir, sustituir la orden y la obediencia, el mandato y el cumplido por el consenso participativo y la consulta con la información y la comunicación abierta. Cada departamento deberá ser capaz de auto gestionar su propio negocio con sus propios planes, proyectos, políticas y presupuestos (Se recomienda sustituir la figura del jefe por el de equipo o propietario de gestión)

Cambio en la cultura y los valores

Generalidades:

La Dirección General de la empresa deberá fomentar la cultura de la gestión horizontal donde prevalezcan los valores de la democracia participativa, espontaneidad súbita, autogestión de procesos, trabajos laterales más que verticales, libertad de crear e innovar, respeto a la autoridad y la autonomía, trabajo de equipo multigestión humanización de la gestión, calidad y mejoramiento continuo, etc.

La nueva cultura de los valores en la compañía deberá estar enfocada en el valor cliente y en el valor agregado, como componentes en el diseño del producto y el servicio. Para ello debe implementarse una política de aprendizaje continuo para la construcción y reconstrucción de procesos con fortaleza del conocimiento. El proceso de reculturización lo deberá coordinar la alta dirección con la CEC.

Se recomienda los siguientes aspectos:

✓ Rediseñar la nueva misión y visión con enfoque horizontal

✓ Difundir la cultura del trabajo basada en procesos

✓ Crear nuevas políticas de la cultura y aprendizaje horizontal

✓ Desarrollar la cultura de la atención y mantenimiento del cliente y proveedores

✓ Desarrollar la cultura de la información para la innovación

✓ Difundir la cultura de la calidad de gestión

✓ Diseñar un nuevo manual en gestión de valores humanos y organizacionales

✓ Incentivar el valor agregado como una política total de gestión de trabajo

✓ Crear los valores de competencia entre equipos multigestores

✓ Incorporar a los accionistas de la empresa a participar en la discusión de negocios

✓ Promover políticas de proyectos de negocios como cultura de la innovación

✓ Generar la cultura de las puertas abiertas y atención de las comunidades

✓ Incorporar el valor de la investigación como opción para la diversificación apoyados en estudios de Benchmarking.

Cambios de las instalaciones físicas

Generalidades:

La Dirección General de la empresa deberá promover el diseño de instalaciones de puertas abiertas, o unidades de gestión ecológicas en espacios cara a cara. Con colores frescos, claros y estimulantes al trabajo creativo, en ambientes higiénicos, con distribución de aire limpio, equipos de protección, bajo nivel de ruido, disponibilidad de servicios de consumo de agua y café. Así mismo deberá proveer los recursos necesarios para el trabajo de planta que garanticen la seguridad de la gestión de producción y la salud física (ergonómica) y mental de los trabajadores.

Para ello la unidad de organización y sistemas deberá diseñar las normas y orientaciones que permitan el trabajo seguro, cómodo y sano.

El cambio en las instalaciones físicas deberá tener en cuenta los siguientes aspectos:

• Observar y evaluar la situación física de las instalaciones y elaborar un inventario de necesidades tanto en las oficinas administrativas, como en la planta de producción

• Diseñar un código individual de seguridad donde se describa el deber de cada trabajador para garantizar su vida y la vida de los demás

• Establecer quienes manejan información confidencial y trabajos que requieren mucha concentración para determinar el espacio privacional.

• Diseñar un manual de normas de higiene y salud ocupacional

• Mantener la limpieza y el orden en las instalaciones a través de servicios internos

• Disponer de unidades ecológicas de gestión que permita distribuir a la gente en espacios accesibles, sin aglomeración excesiva y con acondicionamiento de aire, iluminación, colores y circulación libre de los factores de producción. Generar el ambiente de puertas abiertas con acceso visual panorámico.

Cambio hacia la gestión horizontal

Generalidades:

La Dirección General de la compañía deberá ser la unidad que promueva las políticas de cambio en todos los ámbitos de la organización o en alguno de ellos, según lo considere necesario y pertinente. Todo cambio implica un acuerdo motivacional entre todos los trabajadores de la compañía a fin de que se cuente con el aporte de cada uno de ellos y así generar el valor agregado que se requiere.

Por lo tanto la Dirección General deberá buscar el cambio desde adentro, apuntando a una nueva estructura direccional y cultural en donde prive la gestión integral de procesos, la equipología humana, la gestión de calidad, la gestión autonómica y apoderamiento del trabajo, la innovación de los negocios, el mejoramiento continuo, la accesibilidad tecnológica y comunicacional y sobre todo la eliminación de las barreras físicas y mentales entre la gente de la organización.

Para ello deberá implementar la nueva estructura humanigramática con enfoque horizontal según las siguientes condiciones contenidas en el plan de cambio: (ver figura n° 23)

• Rediseñar la estructura piramidal-vertical hacia una estructura de equipo de coordinación multigestional sistémica, con propietarización de gestión.

• Reducir el jerarquirismo divisional y eliminar las funciones verticalizadas

• Eliminar cargos intermediarios innecesarios (vicepresidente)

• Sustituir funciones por procesos medulares y objetivos de desempeño

• Eliminar procesos que no agreguen valor

• Sustituir asesores verticales por asesores laterales

• Asignar equipos de trabajos propietarios y autonómicos en su gestión de procesos con capacitación para el manejo de indicadores de gestión y su provecho.

• Incorporar proveedores y clientes a la discusión de los negocios y el desempeño

• Incentivar la diversificación de competencias y alinearlos con los procesos y objetivos

• Evaluar y recompensar el desempeño de los equipos

• Distribuir la información hacia todos los ámbitos de la organización en forma lateral

• Entrenar en aprendizaje continuo al personal sobre la capacidad del análisis de problemas y toma de decisiones

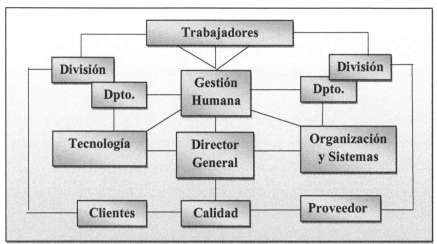

Figura 23. Modelo de Gestión Horizontal (Modelo N° 1)

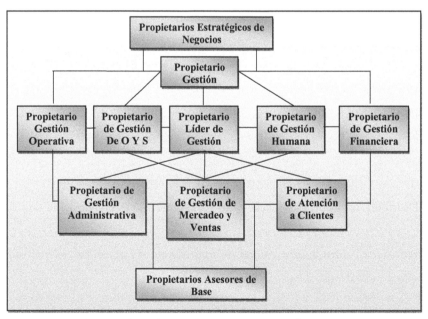

Figura 24. Modelo de Gestión Horizontal (Modelo N° 2)

En la gestión horizontal se da más énfasis en la coordinación de equipos con un líder director que en la relación funcional. Obsérvese en los diagramas que el Director General de la empresa no pierde su rol y status, sin embargo funge como centro operador de la coordinación para recibir y distribuir con mayor rapidez la información y las instrucciones de manera de ganar tiempo para la solución de problemas y toma de decisiones. Cada unidad funge como propietario de su gestión con capacidad y autoridad para desarrollar sus planes con autonomía relativa y el control de su administración. Las unidades de gestión humana, organización y sistemas y tecnología de la comunicación e información lo respaldan y auxilian.

Se evita la orden divisional y se gana el consenso y la participación entre los equipos. Al final los que se benefician son los trabajadores, directivos, clientes, proveedores y comunidades.

Cómo hacer una estructura horizontal

_ Identificar los objetivos estratégicos de la organización:

Desarrollar objetivos   de competencias humanas y organizacionales sobre calidad de gestión, diseño de procesos, talento de equipos, innovación de negocios, manejo de indicadores de gestión y coordinación sistémica.

Alinear objetivos y superobjetivos con indicadores, procesos, competencias y pronósticos.

_Conocer el plan de negocios o estratégico de la organización:

Establecer un inventario de negocios y sus procesos y comunicarlo a los clientes y proveedores para evaluar el desempeño de los servicios y productos apoyados con indicadores de gestión

_Analizar las ventajas competitivas claves que permitan lograr los objetivos:

Humanos, procesos, información, mercado, producción, cliente, calidad, financiero, administrativo.

_Definir los procesos claves clarificando las acciones críticas para conseguir metas:

Estratégicos, misionales, apoyo, control.

_Organizar alrededor de los procesos vinculando cada proceso clave a una tarea de la organización, producto, servicio o cliente:

Sistema, responsabilidades, autogestión, y coordinación en los procesos.

_Eliminar las actividades que no agreguen valor a los objetivos claves:

Administrativos, financieros, humanos, mercadeo, operativo, calidad, procesos, tecnológicas.

_Reducir e integrar unidades staff al mínimo manteniendo la experticia:

Aplanar los niveles jerárquicos para reducir niveles de supervisión y control (máximo 2 tramos en el primer nivel)

_Asignar a cada equipo la propiedad de cada proceso clave:

Crear el manual de propietarios de negocios y manejo de indicadores de gestión.

_Crear equipos multidisciplinarios a lo largo de cada proceso bajo el concepto de la coordinación sistémica: Trabajo de equipos por procesos.

_Establecer objetivos específicos de desempeño de procesos:

Elaborar inventarios de objetivos de desempeño de procesos con el manejo de indicadores de gestión.

_Otorgar poder de decisión, autoridad e información a la gente para lograr las metas propuestas:

Crear un sistema de información de procesos, objetivos y competencias para el apoyo de la gente y su trabajo.

_Entrenar, evaluar, recompensar y presupuestar con sistemas que apoyen la nueva estructura y estimulen la satisfacción del cliente:

Diseñar talleres enfocados a la innovación de negocios basados en la Metodología de Innovación de Negocios (MIN) a fin de preparar a la gente con el apoyo de la mercadología para crear proyectos de nuevos negocios, y productos competitivos que llamen la atención de los clientes y consumidores.

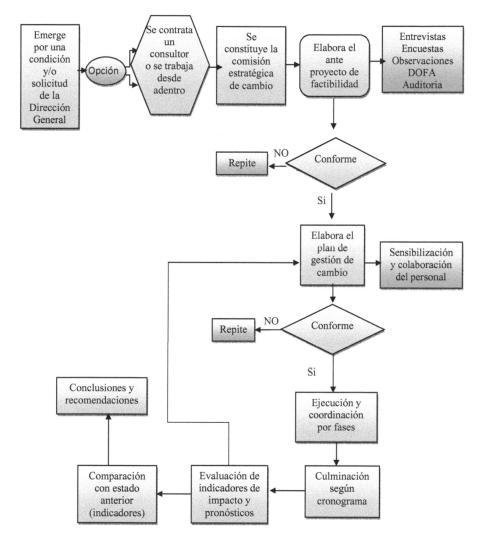

Figura 25. **Procesograma de una Gestión de Cambio**

SECCION VII

MODELOS DE DISEÑOS ORGANIZACIONALES ESTRATÉGICOS

El diseño organizacional surge cuando un grupo de especialistas consideran crear un proyecto de empresas o tal vez modificar o transformar su estructura a través de un proceso de cambio. En este sentido se generan una cadena de eventos sucesivos o simultáneos al que se denomina "Reestructuracion Organizacional" es decir, el diseño da paso a un rediseño producto de un recambio que surge del cambio previo y que originan una reculturización y recomportamiento organizacional.

Así mismo, los diseños organizacionales y modelos que se quieren adoptar, deben ajustarse según la demanda de los entornos socioeconómicos financieros, clientelares y humanos.

Organización Horizontal:

Es una estructura de trabajo de conjunto donde la coordinación y la comunicación e información se procesan con mayor rapidez, lo cual permite la sustitución de la unidireccionalidad por la pluridireccionalidad. Los grupos humanos trabajan con espontaneidad dando pie a la innovación y mejoramiento de la calidad de gestión; participan plenamente y toman decisiones en consenso, son los verdaderos propietarios de su negocio. Se trabaja en función y con los clientes y proveedores, con procesos medulares que orientan y dirigen las pautas para el cumplimiento de objetivos y metas.

Para llegar a la organización horizontal se debe desmantelar poco a poco la estructura verticalizada, por lo tanto, los tramos de poder o jerarquísmo deben reducirse hasta dejar un nivel general de decisión que conjuntamente con las unidades de gestión humana, organización y sistemas, y tecnología de la información y comunicación, formarán el equipo estratégico de gestión de apoyo logístico y de integración administrativa. (Ver figura 26)

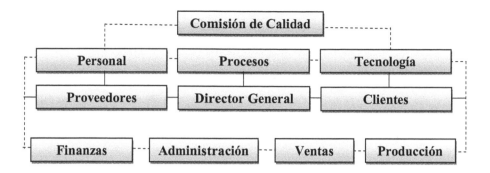

Figura 26. Equipo estratégico de gestión de apoyo logístico y de integración administrativa

Organización tipo Hibrida

En este tipo de organización los grupos humanos se alternan en un trabajo combinado, fusionado y estructurado en dos o más diseños de gestión. El perfil de dirección es verticalizado-combinado. Su estrategia radica en manejar el negocio con capacidad múltiple de gestión. Algunas empresas como la división Master de Otis, C.A., rediseñó una estructura tipo "Híbrida" en la cual las características sobresalientes son: (1) Se conecta la cadena de transformación a través del análisis del instrumento, proceso de ensamblaje y salida cliente; (2) Se incorpora la política de re-calidad y reproceso entre las unidades funcionales y de línea; (3) Se fusionan la división comercial y de producción.

Las estructuras hibridas se enfocan en dos grandes metas: orientado totalmente a la misión y la funcionalización centralizada y descentralizada. Consiste en una mezcla de divisiones comerciales y de grupos funcionales, estas últimas pueden considerarse como outsourcing que proporcionan servicios a las divisiones comerciales creándose la economía de escala. La misión es compartida y las unidades individuales tienen conocimiento y contacto con las necesidades comerciales o de producción en sus zonas geográficas. Hall (1996) determina ciertas características en este tipo de organización tales como:

.- La organización debe diferenciarse y especializarse, pero después han de integrarse y coordinarse.

.- La organización multi-productos combina función y salida

.- El diseño adecuado debe llevar hacia la eficiencia y efectividad organizacional

.- El diseño organizacional es parte del proceso de transformación (entrada-proceso-salida)

.- El diseño implica la toma de decisiones estratégicas sobre la agrupación de individuos o tareas en unidades de trabajo, departamentos o divisiones de la organización (p. 320) (ver figura 27)

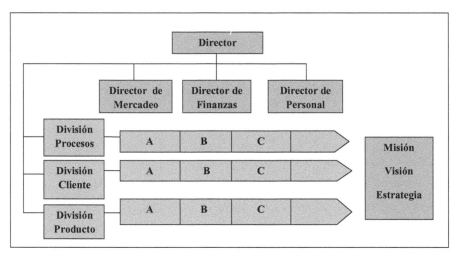

Figura 27. **Organización híbrida.** Tomado de División de Servicio al cliente de Ford (2005)

Para lograr el cambio a este tipo de estructura debe haber determinación de la Alta Dirección, así como un estudio de factibilidad para operar en un mercado con turbulencias y entornos imprevistos desde un sistema multisistémico.

Organizaciones de tipo funcional

En este tipo de organizaciones las personas se agrupan por las funciones que realizan y al equipo al que pertenecen, funcionan por resultados y se subdividen en unidades con subunidades, la comunicación se facilita por la delegación de funciones y se limita la innovación individual porque los nuevos productos, servicios y procesos requieren una visión integradora e inter-funcional.

Para Robbins (1998) "La estructura funcional se puede usar en todo tipo de organización, las funciones son lo único que cambia para reflejar los objetivos y las actividades de la organización" (p.508). Robbins también señala que "La principal ventaja de este tipo de agrupación es que se obtienen eficiencias al unir especialistas parecidos" (p. 508). Finalmente en este tipo de organización se identifican las actividades básicas que se deben ejercitar y organiza todo el trabajo en torno a ellas. (Ver figura 28)

Para lograr el cambio hacia este tipo de estructura se debe otorgar poder de decisión entre la gente y alinear funciones, objetivos y actividades.

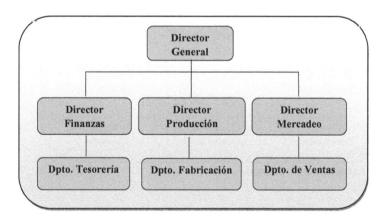

Figura 28. **Estructura funcional.**

La organización divisional

Cada división posee sus propios recursos funcionales, la comunicación es más compleja a consecuencia de las barreras formales entre cada uno de los negocios, ocasionando una competencia entre las divisiones.

Los grupos humanos coordinan sus estrategias divisionales en función de la estrategia general del negocio. En algunas empresas se forman grupos que sirven para racionalizar las actividades de las divisiones, es decir, se cumplen funciones de coordinación, prevalece la economía de escala y emplean sistemas formales para la formulación de estrategias, planificación, asignación de recursos y también sistemas de retribución y control. (Ver figura 29)

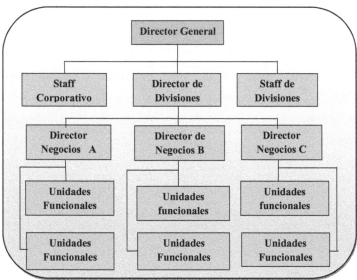

Figura 29. **Estructura divisional.**

Para lograr el cambio hacia este tipo de organización se debe hacer énfasis en la coordinación de operaciones con planes estratégicos. Daft (2000) afirma "La estructura divisional promueve flexibilidad y cambio porque cada unidad es más pequeña y puede adaptarse a las necesidades de su ambiente" (p. 218). Es decir, es una organización flexible ya que pueden adoptar estructuras funcionales jerarquizadas. Es apropiada para organizaciones que trabajen para múltiples mercados o múltiples productos. Sin embargo, es de importancia crucial que las estructuras estén adecuadamente apoyadas por procesos de coordinación conectados a las necesidades de los negocios.

Organización tipo Holding

Existe un staff corporativo especializado, dedicado casi exclusivamente al análisis financiero, tanto la dirección como el staff no participan en las explotaciones individuales debido a que la dirección de cada división toma todas las decisiones normalmente con excepción a que atañen aspectos financieros; la coordinación es menos formal que en otras estructuras. Los grupos humanos velan por su propia administración con cierta dosis de autonomía. (ver figura 30).

Para optar hacia esta estructura se hace necesario contar con el apoyo de una junta financiera capacitada para la atención de problemas e inversiones

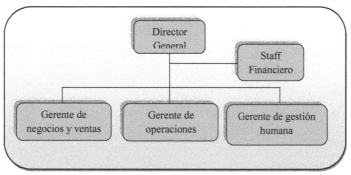

Figura 30. **Organización tipo holding**.

Organización Matricial

Algunos de los directivos claves tienen dos jefes, cada uno de los cuales apunta en una diferente dirección. Los grupos humanos se combinan en un sistema multigestor. La estructura matricial se emplea en dos variables, gerentes funcionales y gerentes de productos, se unen los dos tipos de departamentalización donde la unidad de mando pierde espacio. Una matriz da la oportunidad para que las decisiones se puedan tomar en los niveles inferiores de la organización, en donde la información surge y se sabe cuál es la mejor solución.

Entre sus ventajas tenemos que ofrece la coordinación necesaria para satisfacer las demandas duales de eficiencia, alienta la flexibilidad en el comportamiento de recursos humanos entre líneas de productos, y permite a los empleados adquirir nuevas competencias en diferentes áreas. (ver figura 31). Para lograr el cambio hacia este tipo de estructura es necesario sensibilizar y capacitar a los equipos humanos para trabajar con la coordinación inmediata de varios jefes.

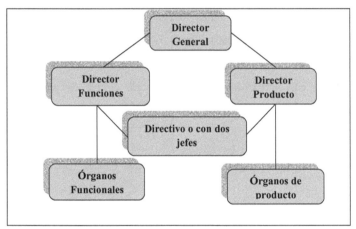

Figura 31. **Organización matricial**.

La organización virtual

Es la estructura en donde las personas se deslocalizan en ambientes interactivos, los grupos humanos se especializan en la tecnología de la comunicación e información. La expansión de la tecnología de la comunicación y de la teleinformática es un avance en la modelación de la organización virtual.

En este sentido, la Dra. Caballero (2000) plantea

Las organizaciones desde la emergencia, serán entendidas como aquellas que propician espacio de diálogo, de consenso y disenso en ambientes virtuales, gracias a los flujos de información y de conocimiento que circulan por las redes de comunicación e información y que den cabida al intercambio de conocimiento, a la interacción para el aprendizaje, a la distribución de la inteligencia y a la integración de los procesos humanos con los artificiales (p.4).

En este tipo de organización se estudia y se abordan los clientes y los mercados a través de la comercialización electrónica; se apoya en sistemas de información clasificado en bases de datos utilizando la electrogeografía inter organizacional establecido en la red local y mundial. Entre sus desventajas está el bajo control, inexistencia del trabajo fijo, el trabajo se desplaza geográficamente en línea, la tecnología siempre se hace más diversificada y costosa, exige permanente actualización y capacitación. Entre sus modalidades tenemos las comunidades del conocimiento, teletrabajo móvil, centros de teletrabajos, comercio electrónico, teletrabajo en casa, internet, intranet y extranet (red hipertextual)

Al respecto, Caballero continúa afirmando que en las organizaciones virtuales

Surgen nuevas formas de organizar el trabajo (teletrabajos), nuevas prácticas gerenciales (gerencia del conocimiento, los sistemas de control de mando integral), nuevas prácticas de comercialización y mercadeo (comercio electrónico), nuevos procesos de transferencias e intercambio de conocimiento (las comunidades) y nuevos procesos de aprendizaje en ambientes virtuales (tele-aprendizaje) (p. 5) (ver figura 32)

Para lograr el cambio hacia esta modalidad de organización se hace indispensable contar con especialistas en tecnología de la información y tener un buen conocimiento del mercado electrogeográfico intercontinental, así como la disposición del asesoramiento especializado inmediato.

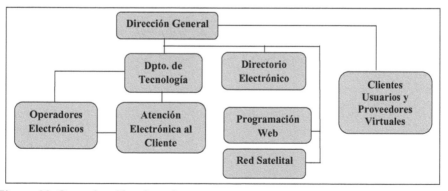

Figura 32. **Organización virtual.**

La organización celular

Son unidades funcionales pequeñas con 10 ó 20 expertos altamente especializados que atienden a un mercado, cliente, producto o servicio. Los grupos humanos gestionan sus propios mercados y comparten clientes para la fortaleza comercial. Son unidades estratégicas de negocios que se auto administran y tienen autonomía y que pueden operar individualmente o en redes con las demás células para comercializar negocios de cierto nivel. Cada unidad funciona como una célula y puede intercambiar sus clientes con otras células, trabajan por resultados obtenidos y con ello ganan recompensas.

En las organizaciones celulares la colaboración, el intercambio, el trabajo en equipo, la competencia técnica y la alta preparación estratégica, orientado por un centro matriz gestor son condiciones necesarias para su eficiencia.

Al respecto Tovar (2002) define lo siguiente: "La estrategia es todo. Así como el DNA en las células determina su conducta, en la organización celular la estrategia es la que dirige el ciclo de vida de los negocios" (p. 24). En este tipo de organización interactúan varios actores, entre ellos, la dirección de negocios, los operadores celulares, clientes, aliados, contratistas, etc. Uno de los requerimientos indispensables para constituir esta estructura es verla más como una visión que una misión porque siempre está en crecimiento o dejar de hacerlo, todo depende de un recurso humano altamente competitivo, con conocimientos de negocios y mercados. Es una especie de filosofía del valor agregado y del capital intelectual. (ver figura 33)

Para lograr el cambio hacia este tipo de estructura debe haber un mercado multicompetitivo con células sociales y económicas interdependientes.

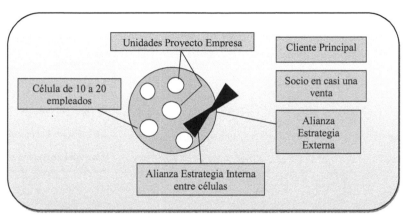

Figura 33. **La organización celular**. Tomado de Miles y Snow (1997). Estrategia organizativa, estructura y proceso.

Organización en red

Es una nueva forma de organización humana horizontalizada, que ha surgido a raíz de la aparición de las nuevas tecnologías. La idea central es que existen nodos donde las jerarquías son más bien escasas. Se asemeja a la organización virtual, sin embargo, su gran diferencia es que no existe jerarquías, ni verticalidad, cada jefe es su propio subordinado. Así mismo esta estructura no gestiona funciones sino busca resolver problemas específicos.

Al respecto Tovar (2002) plantea

La organización en red significa un rompimiento de paradigmas con los grandes supuestos básicos de los modelos clásicos de la organización, donde el poder y el conflicto están relacionados con la posición de recursos y el mando jerárquico para asegurar el cumplimiento de los objetivos de la organización. (p. 29).

Es una estructura antiburocrática y la información se desplaza hacia los individuos que requieren de ella para tomar decisiones (ver figura 34)

Para lograr el cambio hacia este tipo de organización es necesario crear la "cultura de redes de trabajo" con auto jefatura de gestión en equipos y tener como objetivos las alianzas estratégicas de apoyo.

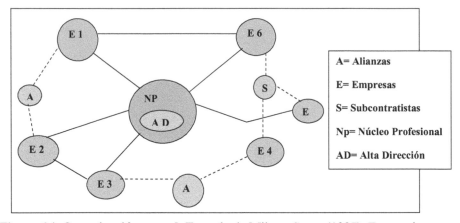

Figura 34. Organización en red. Tomado de Miles y Snow (1997). Estrategia organizativa, estructura y proceso

La Organización por Proyectos

Es un tipo de estructura donde los grupos humanos se adaptan al negocio que han de asesorar. Guizar (1998) apunta que "se debe crear una unidad departamental o un área especial para ejecutar un proyecto, apoyándose obviamente en otras divisiones para realizar su función. Al finalizar el negocio, el área especial desaparece" (p. 172).

En la estructura por proyecto se ordenan los recursos de acuerdo al mismo, es decir, se reúne la cantidad de gente adecuada con los conocimientos requeridos para el proyecto por cierto periodo de tiempo. Según Hodgetts (1987) "La estructura por proyecto se usa para alcanzar una ruta en particular y una vez que se logra, la organización se desintegra" (p. 234) (Ver figura 35)

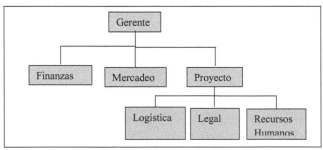

Figura 35. **Estructura por Proyecto.**

Para lograr el cambio hacia esta modalidad de organización se debe conocer la estrategia y cultura de los proyectos y convertirse en consultores itinerantes, no es necesaria su disolución porque siempre hay proyectos que atender.

Organización Centralizada

Se caracteriza porque la autoridad se concentra en la parte superior y es poca la autoridad que se delega en la toma de decisiones en los niveles inferiores. Los grupos humanos no tienen capacidad de delegación. Están centralizadas muchas dependencias gubernamentales como los ejércitos, ministerios, institutos públicos y empresas privadas de tradición familiar. La autonomía relativa no existe. (Ver figura 36) Para lograr el cambio hacia este tipo de estructura se requiere de un Director General súper sistémico con capacidad de atención multipresente.

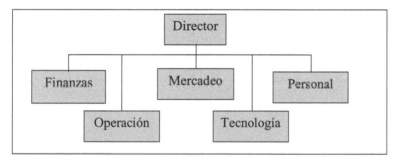

Figura 36. **Organización Centralizada.**

Organización Descentralizada

Se caracteriza porque la autoridad de toma de decisiones se delega en la cadena de mando hasta donde sea posible. Los grupos humanos se distribuyen en una gran verticalidad de gestión. Las empresas que enfrentan alta competencia suelen descentralizar para mejorar la capacidad de respuesta y creatividad. En todo caso, se promueve la autonomía absoluta y se crean las gerencias regionales que funcionan fuera de la casa matriz (ver figura 37)

Para lograr el cambio hacia este tipo de estructura debe haber negocios multiregionales y visión de crecimiento corporativo nacional e internacional.

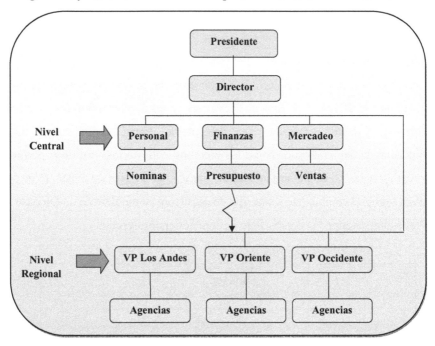

Figura 37. **Organizaciones Descentralizadas.**

Organización por Comités

Se caracteriza porque reciben una variedad de denominaciones comités, juntas, consejos, grupos de trabajos, consejeros. Los grupos humanos funcionan por objetivos, no existe uniformidad y criterios respecto de su naturaleza y contenido, algunos comités desempeñan funciones administrativas, otros técnicas, otros sociales, otros estudian problemas y otros solo dan recomendaciones, los comités pueden ser formales, informales, temporales o permanentes (ver figura 38)

Para lograr el cambio hacia este tipo de modelo se debe estar dispuesto a trabajar con unidades de intervención funcional para la solución de problemas.

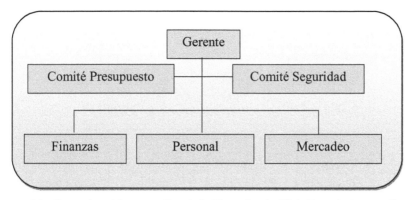

Figura 38. **Organización por Comité.** Tomado de Uch Portal de estudiantes de recursos humanos. Administración y gerencia (2008)

Organizaciones de Cooperativas

Son organizaciones que se constituyen con la asistencia y participación de las comunidades de una localidad determinada. Su motivo de constitución no es maximizar las ganancias para sus propietarios o creadores; las ganancias se distribuyen entre sus miembros y no sobre el capital invertido.

Los grupos humanos funcionan democráticamente. Su función básica es más social que económica y se clasifican en cooperativas por servicios, por producción y por crédito. La toma de decisiones y autorizaciones para diversos asuntos, así como la elección de sus autoridades, se definen en las asambleas donde se recibe por amplia mayoría, tiene las características de una organización horizontal dada la participación directa de sus asociados con voz y voto, así como en la orientación del negocio social, producción, precios de oferta, consumo, beneficios.

Se definen las funciones en un acta constitutiva, y generalmente está establecida por un presidente, tesorero, consejos permanentes y otros comités (ver figura 39)

Para lograr el cambio hacia este tipo de organización debe haber una fuerte convicción hacia la libertad de gestión, democracia y participación de las bases.

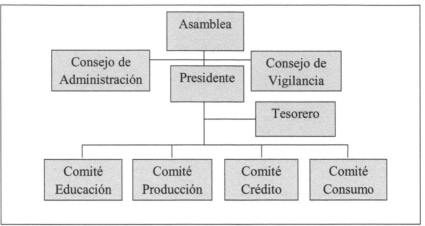

Figura 39. **Organizaciones de Cooperativas.** Tomado de Cooperativa Niño Don Simón (2005)

La Organización Simple

Es una organización que por lo general tiene dos o tres niveles verticales, un cuerpo de empleados y un individuo en quien está centralizada la autoridad para la toma de decisiones. Los grupos humanos dependen de la gestión del propietario.

La estructura simple según Robbins (1998) "Es una estructura caracterizada por un bajo grado de departamentalización, grandes tramos de control, autoridad centralizada en una sola persona y poca formalización" (p. 488). La fortaleza de esta estructura está en su sencillez, es poco costosa de mantener, la asignación de responsabilidades es clara, es rápida y flexible. Sin embargo, una debilidad importante es que es muy difícil mantenerla cuando la organización deja de ser pequeña, debido a que su poca formalización y alta centralización tiende a crear una sobre carga de información en la cima y la toma de decisiones se vuelve lenta.

La estructura simple se utiliza más ampliamente en negocios pequeños donde el gerente y el dueño es la misma persona (ver figura 40) Para lograr el cambio hacia esta estructura deben manejarse mercados locales con alta competencia y tener sentido del comercio.

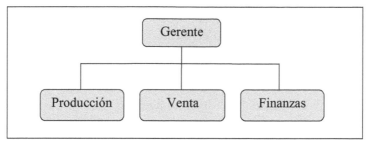

Figura 40. **Estructura Simple.**

Organizaciones por clientes o por departamentos

Se caracterizan por prestar el servicio de comercialización de productos de todo tipo. Están constituidos por departamentos y funcionan directamente con la clientela. Los grupos humanos se especializan en comercialización con clientes. Son compradores y vendedores y trabajan en cadenas comerciales, brindan apoyo de asesoría y mantenimiento para algunos rubros y sus beneficios descansan sobre la base del mercadeo y venta. No se exige un perfil de especialización de alto nivel, sino más bien conocimientos técnicos y capacidad de trabajar con público (ver figura 41) Para lograr el cambio hacia esta estructura se debe tener en cuenta la importancia técnica de los servicios y la asistencia comercial al cliente.

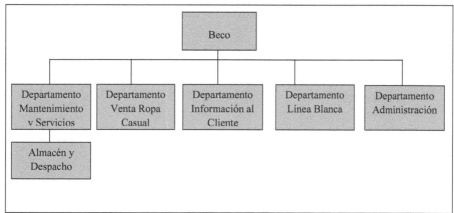

Figura 41. **Organizaciones por Clientes o por Departamentos.** Tomado del Manual de Organización y Funciones de Beco (2008)

Organización Comercial:

Se caracteriza por ser una empresa pequeña, constituida como negocio local con visión a la expansión regional. No existe la departamentalización divisional como estructura, sino más bien a nivel de funciones.

Los grupos humanos presentan bajo nivel instruccional y las posibilidades de desarrollo son por oportunidad de la antigüedad. Los procesos de trabajo se fundamentan en operaciones de artesanía con vista a presentar un producto de alta calidad dada la fuerte competencia local. El cambio implica conocimientos comerciales, contables, producción y ventas.

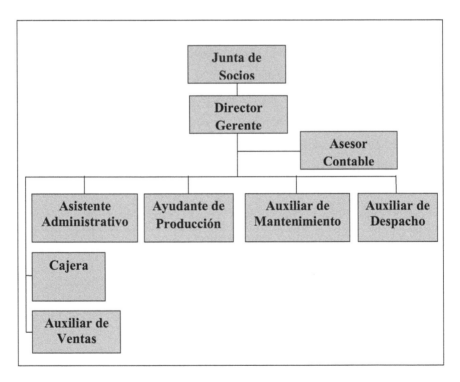

Figura 42. **Organización Comercial.**

La Organización Pública

Se caracteriza por ser la actividad esencial de producción de bienes públicos y servicios al ciudadano, correspondiente al Poder Ejecutivo del Estado cuyo objetivo es preservar la salud, educación, alimentación y seguridad a sus ciudadanos. Los grupos humanos tienen pocas oportunidades de desarrollo vertical. Está constituido por el Poder Ejecutivo donde funciona la presidencia, ministerios e institutos del Estado, Poder Judicial, constituidos por tribunales y fiscales y Poder Legislativo, constituido por las asambleas de diputados.

La organización pública hoy en día conocida por administración pública es definida por Zanobini (1968) como "La actividad práctica que el estado desarrolla para atender de manera inmediata los intereses públicos que toma a su cargo para el cumplimiento de sus fines" (p. 9).

En resumen, la organización pública es el órgano de la administración ciudadana organizada para administrar los bienes públicos nacionales, estatales y municipales, y así como la garantía del pleno derecho según la Constitución Nacional a preservar la salud, educación y seguridad, de las personas que conviven en su territorio. Gobernada por individuos asignados o seleccionados por un funcionario o gente de las comunidades y que están sometidos a las leyes, procedimientos, normas y controles que rigen su actuación. La Organización Pública puede ser centralizada (presidencia, vicepresidencia, ministerios, institutos autónomos, empresas básicas) y descentralizadas (gobernaciones, alcaldías, otras empresas básicas) (ver figura 43)

El cambio en este tipo de estructura se promueve dentro de la cultura de la gestión pública con conocimientos en reingeniería gubernamental.

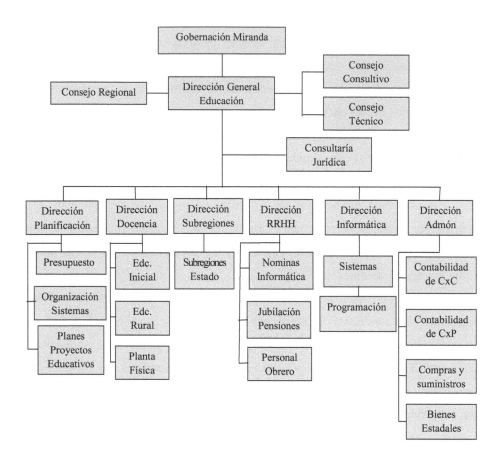

Figura 43. **La Organización Pública.** Tomado del Manual de Organización Gobernación del Estado Miranda Dirección General de Educación (2003)

Concepción de las Organizaciones Posmodernas

El mundo se moderniza cada día más y más, y se observa como la tecnología avanza a un ritmo tan acelerado que la competencia entre los principales fabricantes de computadoras, tecnología de la información, programas interactivos, diseñadores y portafolios es cada vez más intermitente.

Las corporaciones mundiales también buscan la tecnología como una especie de fortaleza y las combinan con las competencias humanas para crear mejores métodos y procesos de producción, ventas y comercialización, finanzas y un mejor y fortalecido rendimiento económico. Las empresas posmodernas han comprendido que los cambios son necesarios y uno de esos cambios está en la filosofía organizacional, ya no hay que verse como una máquina de producción, esto es algo más.

Según Senge (1996) "Las organizaciones que cobrarán relevancia en el futuro serán las que descubran como aprovechar el entusiasmo y la capacidad de aprendizaje de la gente en todos los niveles de la organización" (p. 12). Sin embargo, aunque la tecnología es hoy en día un factor de producción imprescindible, las políticas humanas de aprendizaje, desarrollo y crecimiento del talento humano se convierten en un proveedor de soluciones conectadas con procesos inteligentes, cadenas lógicas de objetivos, estrategias de equipos, y gerentes con gestión comunitaria. Es el trabajador el verdadero capital inteligente que genera conocimientos y para ello debe integrarse como gestor, promotor, emprendedor, capitalizador y comunicador, todo en función de un aprendizaje permanente.

López (2001) en su obra denominada "Del comportamiento organizacional a la práctica de producción del sentido" nos indica

> Por ello también las empresas que están caracterizando el mundo posmoderno, ya no son las viejas manufacturas industriales productoras de "cosas físicas" sino las nuevas empresas de servicios productoras de símbolos, de conceptos, de marcas, de imagen corporativa, en fin, de capital intelectual. (p. 97).

En la empresa posmoderna el rol del empleado pasa a ser de un mecánico burócrata rutinante y espectador a un industrioso competidor, innovador e interviniente. El crecimiento de las personas permite crecer a la empresa, y el crecimiento organizacional permite el crecimiento humano. Tecnología, procesos y recursos humanos se unen para generar las tendencias estratégicas de la comunidad organizacional, los trabajadores también son propietarios y deciden las mejores cosas.

Referencias

Bekhard y Harris. (1990). *Transiciones de organización: La Gestión del cambio complejo.* Universidad de Michigan: Pub. Addison-Wesley

Caballero, C. (2000). *Las organizaciones emergentes que surgen en el ciberespacio un enfoque trasndisciplinario.* Tesis Doctoral. UCV. Centro de Estudio del Desarrollo.

Cañada, C. (1994). *Reorganización de empresas.* España: Granica

Daft, R. (2000). *Teoría y diseño organizacional.* México: Thompson

Decker y Belohlav. (2000). *La Gestión del cambio en las organizaciones.* Revista ANRI N° 8

Envalic C.A. (2003). Manual de Organización y Funciones. Caracas: Autor.

Gibson, J. (2006). *Organización: Comportamiento, estructuras y procesos.* México: Mac Graw Hill

Gobernación del Estado Miranda. (2003). *Manual de Organización de la Gobernación del Estado Miranda.* Los Teques: Autor.

Guizar, M. (1998). Desarrollo organizacional, principios y aplicaciones. México: Mc Graw Hill

Hall, R. (1996). *Organización, estructuras, procesos y resultados.* México: Prentice Hill

Hodgetts, B. (1990). *Teoría de la organización.* España: Prentice Hill

Kim, E. (2008). *Las seis estrategias de las estrellas corporativas.* Revista Calidad Empresarial N° 19

López, F. (2001). *Del comportamiento organizacional y la práctica de la producción del sentido.* Caracas: Iposmo – Conicit

Miles, R. y Snow, C. (1997). *Estrategia organizativa, estructura y proceso.* Stanford University Press

Ostroff, F. (2001). Las organizaciones horizontales: La forma que transformará radicalmente el desempeño de las organizaciones del Siglo XXI. Oxford: University

Robbins, S. (1998) *Comportamiento organizacional, conceptos, controversias y aplicaciones*. México: Prentice Hill

Senge, P. (1996). *Las organizaciones que aprenden*. España: Cronica

Sistemas de gestión de la calidad ISO 9004:2000

Tovar, L. (1997) *Nuevas formas de organización. Estudios gerenciales*. Colombia: ICESI

Uch Portal de estudiantes de recursos humanos. Administración y gerencia (2008). T*ipos   de   organización*.   Disponible   en: http://www.gestiopolis.com/recursos/documentos/fulldocs/ger/tiposdcorguch.htm# mas-autor [Consultado: 23/04/11]

Zanobini, G. (1968) *Curso de derecho administrativo*. Ediciones Arayu.

Lightning Source UK Ltd.
Milton Keynes UK
UKHW011819170519

342879UK00001B/108/P